LES ENTRÉES SOLENNELLES A PARIS

DES ROIS ET REINES DE FRANCE

DES SOUVERAINS ET PRINCES ÉTRANGERS, AMBASSADEURS, ETC

BIBLIOGRAPHIE SOMMAIRE

PAR

PAUL LE VAYER

CONSERVATEUR DU MUSÉE CARNAVALET

PARIS

IMPRIMERIE NATIONALE

M DCCC XCVI

LES ENTRÉES SOLENNELLES

A PARIS

DES ROIS ET REINES DE FRANCE

DES SOUVERAINS ET PRINCES ÉTRANGERS, AMBASSADEURS, ETC.

BIBLIOGRAPHIE SOMMAIRE

LES
ENTRÉES SOLENNELLES
A PARIS

DES ROIS ET REINES DE FRANCE

DES SOUVERAINS ET PRINCES ÉTRANGERS, AMBASSADEURS, ETC

BIBLIOGRAPHIE SOMMAIRE

PAR

PAUL LE VAYER

CONSERVATEUR DU MUSÉE CARNAVALET

PARIS

IMPRIMERIE NATIONALE

M DCCC XCVI

LES ENTRÉES SOLENNELLES

A PARIS

DES ROIS ET REINES DE FRANCE,

DES SOUVERAINS ET PRINCES ÉTRANGERS, AMBASSADEURS, ETC.

BIBLIOGRAPHIE SOMMAIRE.

I. Documents manuscrits.

§ 1. Généralités.

1. Cérémonies observées à l'entrée des Rois et Princes de 1378 à 1549. (Bibl. nat., in-f°, fonds français 23419.)

2. Cérémonies observées aux Entrées des Rois et des Princes, depuis l'an 1378 jusqu'en 1626. (Bibl. nat., in-f°, ms. Dupuy, n° 325. — Copie, fonds français 4318.)

3. Entrées des Rois et Reines de France dans les villes du Royaume depuis 1420 jusqu'en 1622. (Bibl. nat., in-f°, ms. de Brienne, n° 268.)

4. Extraits des Comptes de la Ville de Paris relatifs aux présents d'orfèvrerie offerts aux Rois et Reines de France et aux Souverains étrangers à l'occasion de leur entrée à Paris, 1424-1563. (Bibl. nat., in-f°, nouv. acq. fr. 3243.)

5. Le Cérémonial de l'Hostel de Ville de Paris depuis 1501 jusqu'en 1636. (Bibl. nat., in-f°, 8 vol., fonds français 18526-18533.)

6. Fêtes et cérémonies de l'Hôtel de Ville de Paris de 1562 à 1789. (Arch. nat., K. 998-1018.)

7. Entrées et Passages de divers Rois et Princes étrangers dans les villes de France, depuis 1578 jusqu'en 1625. (Bibl. nat., in-f°, ms. de Brienne, n° 269.)

8. Entrées des Rois, Reines et Princes à Paris et autres villes de France depuis l'an 1378. (Bibl. nat., in-f°, 2 vol., fonds français 7832-7833.)

9. Entrées, Réceptions et Voyages des Rois et Reines de France dans la Capitale et autres villes du Royaume, par ordre chronologique [les Rois d'abord, les Reines ensuite]. (Bibl. nat., in-4°, 5 vol. Recueil de Fontanieu, portef. 816-820.)

10. Entrées, Réceptions et Voyages des Souverains étrangers dans les villes et à la Cour de France. — Entrevues des Souverains en général et en particulier et Festins royaux. (Bibl. nat., in-4°, 4 vol. Recueil de Fontanieu, portef. 824-827.)

11. Relations des Entrées des Roys et Reynes de France, particulièrement dans la Ville de Paris, depuis le roi Jean jusqu'à Louis XIII. (Bibl. nat., in-f°, fonds français 23934, ancien fonds Gaignieres 547.)

§ 2. Entrées particulières.

1. Le Discours de la venue de l'Empereur Charles IIIIe en France, en l'année 1377 (v. st.), et des réceptions, entrées, festins et autres grandes magnificences qui lui furent faites par le Roy Charles V[e]. (Bibl. nat., in-f°, fonds français 2846.)

2. Entrée de l'Empereur Charles IV en France et à Paris, en 1377 (v. st.). (Bibl. nat., in-f°, fonds français 23153, ancien Fonds des Missions étrangères, 285.)

3. Relation de la Venue de l'Empereur [Charles IV du nom] en France et de sa réception par le Roi Charles le Quint. (Bibl. nat., in-8°, fonds français 5729.)

   Ms. vélin avec miniature qui a figuré au Catalogue de M. de Gaignat, sous le n° 3215.

4. Discours de l'Entrée de la Reine Isabelle de Bavière à Paris, et des Joustes et Tournois qu'à icelle entree furent faits en l'an 1385, par Estienne Le Blanc, greffier des Comptes, secrétaire de Louis XII. In-4°.

   Ce ms., qui jadis faisait partie de la Bibliothèque du baron de Hoendorff, figure actuellement dans la Bibliothèque de l'Empereur, la *Hofbibliothek*, à Vienne (Autriche).

5. Entrée du Roi Louis XII à Paris en 1498, et du Roi François Ier en 1514. (Bibl. nat., in-f°, fonds français 18521.)

6. Ce sont les jouxtes qui furent faictes à Paris à l'entrée de la Royne Marie Dangleterre, du 13 au 23 novembre 1514. (Bibl. nat., in-f°, fonds français 5103.)

   Récit attribué au roi d'armes Montjoye.

7. Ordre observé à l'Entrée du Roi François Ier, à Paris, le 23 février 1514. Extrait du Registre du Parlement. (Arch. nat., X[1a] 1517, f° 75 r°.)

8. Description de la superbe entrée de l'Empereur Charles le Quint en la Ville de Paris. Extrait du Registre du Parlement du 31 décembre 1539. (Arch. nat., U. 152. — Bibl. nat., in-f^{o}, fonds français 3050, f° 31.)

9. Entrée du Roi Henri II à Paris, et ordre qui y est gardé le 16 juin 1549. Extrait du Registre du Parlement. (Arch. nat., X^{1a} 1565, f° 172.)

10. Entrée de la Reine Catherine de Médicis, à Paris, le 18 juin 1549. Extrait du Registre du Parlement. (Arch. nat., X^{1a} 1565, f° 175 v°.)

11. Entrée du Roi de Pologne en la Ville de Paris, le 14 septembre 1573. (Bibl. nat., in-f^{o}, fonds français 5102, ancien fonds Lancelot.)

12. Préparatifs pour l'Entrée solennelle du cardinal Cajetan, légat du Pape, à Paris [21 janvier 1590]. (*Registres du Bureau de la Ville*, Arch. nat., H. 1789, f°s 540-541.)

13. Préparatifs pour l'Entrée de la Reyne Marie de Médicis, l'an 1610, ès mois de febvrier, mars, avril et mai. (Bibl. nat., in-f^{o}, fonds français 18-520, f°s 77 et suiv.)

14. Relation de l'Entrée de Louis XIV à Paris, le 26 août 1660. (*Registres du Bureau de la Ville*, Arch. nat., H. 1815, f°s 456 et suiv.)

15. Réception des Ambassadeurs Suisses le 9 novembre 1663. (*Ibid.*, Arch. nat., H. 1818, fol. 47 v°; K. 1719, n° 4.)

16. Entrée de Monsieur le cardinal Chigi, légat *a latere*, à Paris, le 10 août 1664. (*Ibid.*, Arch. nat., H. 1818, f° 426 v°.)

17. Relation de la Visite des Prévôt des Marchands et des Échevins au Czar de Russie à l'hôtel de Lesdiguières, le 11 mars 1717. (*Ibid.*, Arch. nat., H. 1827, f° 150 r°.)

18. Explication du feu d'artifice en présence du Roi, la veille de la Saint-Jean-Baptiste 1719. (*Ibid.*, Arch. nat., H. 1848, f° 60.)

19. Dépenses pour les équipages qui ont servi à l'Entrée de l'Ambassadeur Turc, en mars 1721. (Arch. nat., K. 1719, n° 6.)

20. Cérémonial observé lors de l'Entrée de la Reine à Paris, le 4 octobre 1728. (*Registres du Bureau de la Ville*, Arch. nat., H. 1853, f° 21.)

21. Description de la fête préparée pour la Reine au mois de septembre 1735, sous les ordres de M. Turgot, prévôt des Marchands. (*Ibid.*, Arch. nat., H. 1856, f° 244 v°.)

22. Procès-verbal de la visite et présents faits à Monsieur l'Ambassadeur d'Espagne au sujet du mariage de Madame, le 28 août 1739. (*Ibid.*, Arch. nat., H. 1858, f° 286 v°.)

2
IMPRIMERIE NATIONALE.

23. Relation des Fêtes données par la Ville le 29 août 1739 à l'occasion du mariage de Madame de France avec Philippe II, Infant d'Espagne, avec plans et dessins en couleur. (*Registres du Bureau de la Ville*, Arch. nat., H. 1858, f° 280.)

24. Description des Fêtes données par la Ville de Paris à l'occasion du mariage de Madame Louise-Élizabeth de France et Dom Philippe, Infant et grand amiral d'Espagne, les 29e et 30e août 1739. (*Ibid.*, Arch. nat., H. 1858, f° 282-299.)

25. Entrée de l'Ambassadeur Turc à Paris, 7 janvier 1742. (Arch. nat., K. 1719, n° 8.)

26. Cérémonies à cause du mariage du Dauphin avec l'Infante Marie-Thérèse d'Espagne, le 23 février 1745. (*Registres du Bureau de la Ville*, Arch. nat., H. 1861, f° 156 v°.)

27. Relation de ce qui s'est passé lors du mariage de Monseigneur le Dauphin avec la princesse Marie-Josèphe de Saxe, le 4 février 1747. (*Ibid.*, Arch. nat., H. 1862, f° 119 v°.)

28. Devis pour la construction et la décoration des chars de triomphe qui doivent servir pour les fêtes du mariage de Monseigneur le Dauphin le jeudy 9 février 1747. (*Ibid.*, Arch. nat., H. 1862, f°s 136-144 et 498 r°.)

29. Devis des ouvrages de charpente, peinture et sculpture qu'il convient de faire pour la construction et la décoration d'un feu d'artifice qui doit être élevé dans la place de Grève, à l'occasion des fêtes données par la Ville de Paris pour le mariage de Monseigneur le Dauphin [9-13 février 1747]. (*Ibid.*, Arch. nat., H. 1862, f°s 145 r°-498 r°.)

30. Précautions prises pour la Promenade dans la Ville de Paris et la Route suivie par les chars de *Mars*, de *l'Hymen*, de *Bacchus*, de *Cérès* et de *Lutèce*. Illuminations, compliments, présents, etc., à l'occasion des fêtes publiques données le 13 février 1747 pour le mariage de Monseigneur le Dauphin avec S. A. R. la princesse Marie-Josèphe de Saxe. (*Ibid.*, Arch. nat., H. 1862, f°s 123-130.)

31. Relation de ce qui s'est passé lors de l'Entrée de Madame la Dauphine à Paris, le mardi 27 juin 1747. (*Ibid.*, Arch. nat., H. 1862, f°s 256-259 v°.)

32. Entrées et réceptions solennelles du Roi, de la Reine et des Princes de la famille royale à Paris, les samedi 6, mardi 9 juillet, vendredi 19, dimanche 21 et lundi 22 août 1748. (*Ibid.*, Arch. nat., H. 1862, f°s 479-482.)

33. Entrée de Monseigneur le Dauphin et de Madame la Dauphine à Paris, le mardi 23 août 1748. (*Ibid.*, Arch. nat., H. 1863, f° 9 r°.)

34. Relation de ce qui s'est passé le 8 juin 1773, jour de l'Entrée à Paris, pour la première fois, de Monseigneur le Dauphin et de Madame la Dauphine. (*Ibid.*, Arch. nat., H. 1875, f°s 167-184.)

35. Entrée solennelle du Roi Louis XVI à Paris, le 12 novembre 1774. (*Registres du Bureau de la Ville*, Arch. nat., H. 1876, f° 367.)

36. Entrée solennelle de la Reine avec le Roy, à Paris, le 8 février 1779. (Arch. nat., K. 1719, n° 1.)

37. Entrée du Roi, à Paris, pour assister aux fêtes données par la Ville à l'occasion de la naissance du Dauphin. (Arch. nat., K. 1719, n° 2.)

38. Cérémonial observé le jour de l'Entrée du Roi et de la Reine à Paris, le lundi 8 février 1779. (*Registres du Bureau de la Ville*, Arch. nat., H. 1878, f°s 80-90 v°.)

II. Documents imprimés.

§ 1. Généralités.

1. Le Cérémonial françois ou Description des cérémonies, rangs et séances observées en France, en divers actes et assemblées solennelles, recueilly par Théodore Godefroy, conseiller du Roy en ses Conseils, et mis en lumière par Denys Godefroy, advocat au Parlement et historiographe du Roy. Paris, Cramoisy, 1649, in-f°, 2 vol.

2. Cérémonies qui s'observent aux Entrées des Rois et Reines de France, par le P. Anselme, religieux augustin déchaussé. — Forme la troisième partie de son *Palais d'honneur*. Paris, 1663, in-4°.

3. Dissertations des Assemblées et des Fêtes solennelles des Rois de France, par Ch. [Du Fresne] du Cange. — Quatrième et cinquième dissertations sur l'*Histoire de saint Louis*, par Joinville, p. 152. Paris, 1668, in-f°.

4. Trésor des Harangues faites aux entrées des Rois, Reines, etc. Paris, 1680, in-12, 2 vol.

5. Histoire et recherches des antiquitez de la Ville de Paris, par Me Henri Sauval, avocat au Parlement. Paris, Ch. Moette et J. Chardon, 1724, in-f°, 3 vol. — Tome II, p. 83, 106, 135-139, 245.

6. Dissertation sur les Réjouissances publiques, par Claude Beneton de Peyrins. *Journal de Verdun*, mai 1750.

7. Des Fêtes et Divertissements de nos Rois dans les anciens temps, par de Saint-Foix. — Quatrième partie des *Essais historiques* de Saint-Foix, p. 31. Londres et Paris, Duchesne, 1757, in-12, et page 214 du tome II de l'édition de 1766.

8. Précis historique sur les fêtes, les spectacles et les réjouissances publiques, etc.... Quatrième partie, contenant la description de quelques fêtes et entrées, par Claude Ruggieri, artificier du Roi. Paris, chez l'auteur, 1830, in-12.

9. Les Souverains à Paris, par Adrien Marx. Paris, E. Dentu, 1868, in-12, avec portraits photographiés par Frank.

10. Les Fêtes nationales à Paris, par Édouard Drumont. Paris, Ludovic Baschet, 1879, in-f° avec pl.

11. Fêtes et spectacles du vieux Paris, par Edmond Neukomm. Paris, E. Dentu, 1886, in-12.

§ 2. Entrées particulières.

XIVe siècle.

1. Entrée solennelle du Roi Jean, après son retour d'Angleterre, en l'an 1360. (Cf. *Le Cérémonial françois* de Godefroy, t. I, p. 635.)

2. Les Entrevües de Charles IV, empereur et roy de Bohême, de son fils Vuenceslaus, roy des Romains, et de Charles V, roy de France, à Paris, l'an 1378... Extraict d'une chronicque manuscrite de la Bibliothèque du Roy continuée jusques en l'an 1380, par Théodore Godefroy, advocat en Parlement. A Paris, chez Pierre Chevalier, 1612, in-4°.

— Les Entrevües de Charles IV, etc. Paris, Pierre Chevalier, 1614, in-4°.

3. Entrée de Louis d'Anjou, cousin germain du Roi Charles VI, en qualité de roi de Sicile, à Paris, avec l'arrivée du Duc de Bretagne en cette ville, en 1383. (Cf. *Cérémonial*, t. I, p. 635.)

4. Ordre de l'Entrée et Bienvenue en la Ville de Paris d'Isabeau de Bavière, Reine de France, femme du Roi Charles VI, l'an 1389. (Cf. *Histoire de Froissart*, quatrième livre, édition S. Luce.)

5. Entrée solennelle de la Reine Isabeau de Bavière, Reine de France, à Paris, le dimanche 20 juin 1389, décrite par Jean Juvenal des Ursins. (Cf. *Cérémonial*, t. I, p. 647.)

XVe siècle.

6. Entrée de Jean de Bavière, évêque de Liège, à Paris, le vendredy 12 septembre 1405. (Cf. *Journal d'un bourgeois de Paris*, éd. A. Tuetey, p. 2.)

7. Entrée de la Reine Isabeau de Bavière, à Paris, l'an 1406. (Cf. *Cérémonial*, t. I, p. 651.)

8. Entrée du Roi Charles VI à Paris, le dimanche 17 mars 1409. (Cf. *Journal d'un bourgeois de Paris*, p. 5. — *Cérémonial*, p. 651.)

9. Entrée du Roi Charles VI à Paris, le dimanche 23 octobre 1412. (Cf. *Journal d'un bourgeois de Paris*, p. 27.)

10. Entrée de Sigismond, empereur d'Allemagne et roi de Hongrie, à Paris, le dimanche 1er mars 1416. (Cf. *Ibid.*, p. 69.)

11. Entrée d'Isabeau de Bavière, Reine de France, à Paris, le jeudi 14 juillet 1418. (Cf. *Ibid.*, p. 104.)

12. Entrée solennelle du Roi Charles VI et de Henri V, roi d'Angleterre, à Paris, le dimanche 1er décembre 1420. (Cf. *Ibid.*, p. 144. — *Cérémonial*, p. 651.)

13. Entrée d'Isabeau de Bavière et de Catherine de France, Reine d'Angleterre, à Paris, le lundi 2 décembre 1420. (Cf. *Journal d'un bourgeois de Paris*, p. 145.)

14. Entrée de Charles VI et d'Isabeau de Bavière, à Paris, le samedi 18 septembre 1422. (Cf. *Ibid.*, p. 177.)

15. Entrée de Jean, duc de Bedford, à Paris, le 8 septembre 1424. (Cf. *Ibid.*, p. 200.)

16. Entrée de Philippe le Bon, duc de Bourgogne, à Paris, le jeudi 14 avril 1435. (Cf. *Ibid.*, p. 304.)

17. L'Entrée du Roy Charles VII en la ville de Paris et les cérémonies qui y furent observées en l'an 1437. Extraict du *Recueil des offices de France*, par Jean Chenu, advocat en Parlement. (Cf. *Cérémonial*, p. 653.)

18. Entrée solennelle du Roy Charles VII à Paris le 3 novembre 1437. (Cf. *Ibid.*, t. I, p. 656. — *Journal d'un bourgeois de Paris*, p. 335, 336. — *Chronique de Charles VII*, par Jean Chartier, édition Vallet de Viriville, t. I, p. 237, 238.)

19. Entrée et réception du Roy Louys XI en la ville de Paris, le lundi dernier jour d'aoust, l'an 1461. (Cf. *Cérémonial*, t. I, p. 179. — *Chronique de Jean de Troyes*, édition Michaud, p. 249, 250.)

20. Entrée à Paris de la Royne Charlotte de Savoye, femme du Roy Louys XI, le 1er septembre 1467. (Cf. *Cérémonial*, p. 671.)

21. Entrée à Paris de Madame Anne de Beaujeu, fille aisnée du Roy Louys XI, et de Madame la Dauphine qui fut promise au Roy Charles VIII, ès années 1482 et 1483. (Cf. *Ibid.*, p. 672.)

22. L'Entrée du Roy nostre sire en la ville et cité de Paris, le huictiesme jour de juillet mil quatre cens quatre vingz quatre... (*S. l. n. d.*) in-4° goth. en strophes de vers de huit syllabes (cité par Brunet, Suppl., col. 445). (Cf. *Ibid.*, p. 208-222.)

23. L'Entrée du Roy nostre sire en la ville et cité de Paris, l'an 1484, publiée par L. Lucas dans la collection de la Société des bibliophiles de Reims (tiré à petit nombre). Reims, 1842, in-12.

24. Entrée solennelle, à Paris, de la Royne Anne de Bretagne, femme du Roy Charles VIII, l'an 1492. (Cf. *Cérémonial*, t. I, p. 681.)

25. L'Entrée du Roy de France très chrestien Loys douziesme de ce nom à sa bonne ville de Paris. (*S. l. n. d.*) [Paris, 1498], in-4° goth. de 6 feuillets non chiffrés.

26. L'Entrée du Roy de France très chrestien Loys douziesme de ce nom à sa bonne ville de Paris, avec la réception de l'Université de Paris et aussi de Monseigneur de Paris, et le souper qui fut faict au palais. Faicte lan mil quatre cens quatre vingz et dix huict le lundy deuxiesme jour de juillet. (*S. l. n. d.*), in-4° goth. de 6 feuillets non chiffrés.

27. Réception de Madame la Princesse [Jeanne] de Castille, à Paris, le 15 février 1500. (Cf. *Registres des Délibérations de l'ancien Bureau de la Ville*, t. I, p. 21.)

28. Réception et festoiement de l'Ambassade de l'Empire par le Corps de Ville, les 20 et 21 décembre 1500. (Cf. *Ibid.*, t. I, p. 51, 52.)

XVIe SIÈCLE.

29. Réception de Monseigneur l'Archiduc [Philippe] conte de Flandres et de Madame sa femme, à leur entrée à Paris, le 16 novembre 1501. (Cf. *Registres*, t. I, p. 62.)

30. L'Entrée faicte à Paris par très puissant prince et seigneur Larcheduc de Austriche, conte de Flandres, et entre ses aultres tittres prince de Castille et d'Espaigne. (*S. l. n. d.*) [25 novembre 1501] in-4° goth. de 6 feuillets, non chiffrés.

31. Préparatifs pour l'Entrée à Paris de la Royne Anne de Bretagne, femme en secondes nopces du Roy Louys XII, l'an 1502, au mois de janvier. (Cf. *Registres*, t. I, p. 63-66. — *Cérémonial*, t. I, p. 686.)

32. Entrée de très révérend Père en Dieu Monseigneur George d'Amboise, arc[h]evesque de Rouen, Légat du Sainct-Siège en France, à Paris, le 16 février 1502. (Cf. *Registres*, t. I, p. 67, 68.)

33. L'Entrée de la Royne Anne de Bretagne à Paris, et l'ordre qui y fut tenu le mercredi 20 novembre 1504. (Cf. *Ibid.*, t. I, p. 93-97; *Cérémonial*, t. I, p. 690.)

34. Entrée du Roy Louys XII à Paris, à son retour d'Italie le 16 mars 1509. (Cf. *Cérémonial*, t. I, p. 730.)

35. Réception de Monseigneur le Cardinal de Sainte-Croix [Ambassadeur du duc Frédéric III de Saxe] à son arrivée dans la ville de Paris..... août 1512. (Cf. *Registres*, t. I, p. 189.)

36. Venue des ambassadeurs d'Angleterre [Charles, duc de Suffolk; le marquis de Dorset; le comte de Worcester; Nicolas West, doyen de Windsor, et Thomas Docwra, grand prieur de Saint-Jean-de-Jérusalem], le mardy 12 septembre 1514, et des présens à eulx faiz par la Ville. (Cf. *Registres*, t. I, p. 214, 215.)

37. L'Entrée de la Royne Marie d'Angleterre et l'ordre tenu par la Ville. (Cf. *Ibid.*, t. I, p. 212-217, et *Cérémonial*, t. I, p. 731-748.)

38. L'Entrée de très excellente princesse dame Marie d'Angleterre, Royne de France, en la noble Ville, Cité et Université de Paris, faite le lundy 6e jour de novembre l'an de grace mil cinq cens quatorze. (*S. l. n. d.*), petit in-8° de 8 feuillets avec figure sur le titre. — Autre édition (*S. l. n. d.*), in-8° goth. de 4 feuillets.

39. L'Entrée de très excellente princesse Madame Marie d'Angleterre, etc. Paris, 1514, in-4° goth.

Réimprimée trois fois dans la même année.

— L'Entrée, etc. Nouvelle édition donnée par H. Cocheris (tirée à 100 exemplaires). Paris, Aubry, 1859, in-8°.

40. Le pas des armes de l'arc triumphal ou tout honneur est enclos tenu à l'entrée de la Royne à Paris en la rue Sainct-Anthoine, près les Tournelles, par puissant seigneur Monseigneur le duc de Valloys et de Bretaigne ou tous nobles hommes doivent prendre leur adresse pour acquérir loz, honneur et gloire militaire, rédigé et mis par escript par Montjoye, roy d'armes, selon les compaignies et journées ainsi comme tout a esté faict. Nouvellement imprimé à Paris. Ilz se vent à Paris en la grant salle du palais au second pillier en la [illegible]ticle de Galiot du Pré... Paris, 1514, petit in-4° goth. de 50 feuillets avec figures sur bois.

41. L'ordre des joustes faictes à Paris à l'Entrée de la Royne. Le pas des armes de larc triumphal ou tout honneur est enclos, tenu à l'Entrée de la Royne à Paris, en la rue Sainct-Anthoine, près les Tournelles, par puissant seigneur Monseigneur le duc de Vallois et de Bretaigne... rédigé et mis par escript par Montjoye, roy d'armes... (*S. l.*), 1514, in-8° goth.

42. Ordonnances pour faire lices pour les joustes à l'Entrée du Roy [François Ier] à Paris, le jeudy 15 février 1515. Les cérémonies observées à cette entrée. (Cf. *Registres*, t. I, p. 215-222.)

43. L'Entrée du très chrestien roy de France, Francoys de Valloys, premier de ce nom, en sa noble ville, cité et université de Paris, faicte le jeudy quinziesme jour de février, l'an de grace mil cinq cens et quatorze (v. st.). (*S. l. n. d.*), petit in-4° goth. de 4 feuillets.

44. Entrée solennelle de Monseigneur le Cardinal [Philippe] de Luxembourg, légat du Saint-Siège, à Paris, le 23 janvier 1517. (Cf. *Registres*, t. I, p. 237.)

45. Entrée de la Royne Claude, à Paris, le mardy 12 may 1517. (Cf. *Registres*, t. I, p. 238-241; *Cérémonial*, t. I, p. 753-759.)

46. L'Entrée de la Royne de France à Paris, faicte le mardy 12e jour du moy (*sic*) de may lan de grace mil cinq cens et dix sept. (*S. l.*), petit in-8° goth. de 8 feuillets.

47. L'Entrée de la Royne de France à Paris faicte le mardy douziesme jour de may Lan de grace mil cinq cens et dix sept. (*S. l.*), Jehan Boissier, in-8° goth. de 8 feuillets non chiffrés.

48. Seconde Entrée du Roy François Ier à Paris, le dimanche 14 avril 1526. (Cf. *Cérémonial*, t. I, p. 762-764.)

49. Réception de Madame la Marquise de Genest [Mencia Mendoza], comtesse de Nassau, passant par la ville de Paris... juillet 1530. (Cf. *Registres*, t. II, p. 70.)

50. Entrée solennelle de Monseigneur le Cardinal [Antoine Duprat], légat du Saint-Siège, à Paris, le mardy 20 décembre 1530. (Cf. *Ibid.*, t. II, p. 93. — D. Félibien, *Histoire de la ville de Paris*, t. V, p. 335. — *Chronique de Pierre Driart*, édit. F. Bournon, p. 84.)

51. La triumphante et magnifique entrée faicte par le reverendissime prélat et très vertueux Seigneur monseigneur le leguat et grand chancellier de France en la noble ville, cité et université de Paris, le mardy XXe jour de decembre l'an mil cinq cens trente [par François Nau] (*s. l. n. d.*), in-8° goth. de 4 feuillets.

52. Le sacre et coronnement de la Royne. Imprimé par le commandement du Roy nostre Sire. — On lit au recto du deuxième feuillet : «C'est lordre et forme qui a esté faicte et tenue... au sacre et coronnement de la Royne ma Dame Léonore Daustriche... le cinquiesme jour de mars 153:. Lequel par ordonnance dudit seigneur... a esté mis et rédigé par escript au vray, par moy Guillaume Bochetel.» A Paris, par Me Geoffroy Tory de Bourges, 1530, in-4° de 11 feuillets non chiffrés. — Autre édition, Paris, Geoffroy Tory, 1531, in-4° de 22 feuillets non chiffrés.

53. Assemblée de Ville faicte en la grant salle pour adviser sur le faict de l'Entrée de la Royne [Aliénor]. — Entrée de ladicte Royne en ceste Ville de Paris, le jeudy seiziesme jour de mars mil cinq cens trente avant Pasques. (Cf. *Registres*, t. II, p. 74, 76, 95, 111-113. — *Cérémonial*, p. 777-801. — *Chronique de Pierre Driart*, p. 86.)

54. L'Entrée triumphante et sumptueuse de Tres haulte et illustrissime Dame Léonore Daultriche, seur aysnée de Lempereur, Royne de France, en la noble ville et cité de Paris, avec lordre dicelle Entrée diligemment descripte. (*S. l.*), 1531, in-4° goth. de 4 feuillets non chiffrés.

55. L'Entrée de la Royne, en sa Ville et Cité de Paris, imprimée par le commandement du Roy nostre sire [par Guillaume Bochetel]. Paris, Geoffroy Tory, 1532, petit in-4° de 22 feuillets avec figures.

56. Arrivée du duc de Norfolk, ambassadeur d'Angleterre, à Paris, et visite du Corps de Ville audit seigneur, le 10 juin 1533. (Cf. *Registres*, t. II, p. 392.)

57. Entrée du roy d'Escosse et de sa compaignée, à Paris, le samedi 31 décembre 1536. (Cf. *Ibid.*, t. II, p. 311, 313, 314. — *Cronique du Roy Françoys I*er, p. 202.)

58. Recueil du conte Federic Pallatin [de Bavière] et de Madame [Dorothée de Danemark] sa femme, par Messieurs de la Ville, le 2 novembre 1538. (Cf. *Registres*, t. II, p. 392.)

59. Entrée du Cardinal [Alexandre] Farnèse, légat du Saint-Siège, à Paris... décembre 1539. (Cf. *Ibid.*, t. III, p. 6.)

60. Entrée solennelle de l'Empereur Charles d'Aultriche en la ville de Paris, le jeudy 1er janvier 1539 (v. st.). (Cf. *Ibid.*, t. III, p. 1, 6, 7, 10. — D. Félibien, *Histoire de la Ville de Paris*, t. V, p. 351-357. — A. de Coetlogon, *Armoiries de la Ville de Paris*, t. I, p. 261-263.)

61. Lordre tenu et gardé à Lentrée de tres hault et tres puissant prince Charles, Empereur... en la Ville de Paris... Lordre du banquet faict au Palais, Lordonnance des joustes et tournoy faict au chasteau du Louvre, La description des arcs triumphans, magnificences faictz en icelle Ville... On les vend [à Paris] es boutiecques de Gilles Corrozet et Jehan du Pré. 1539 (v. st.), in-8° goth. de 19 feuillets non chiffrés.

62. La magnificque et triumphante entrée du très illustre et sacré Empereur Charles Cesar tousjours Auguste, faicte en la excellente Ville et Cité de Paris, le jour de lan en bonne extreinne. On les vend à Lyon chez Françoys Juste. (*S. d.*), in-4° goth.

— La magnificque et triumphante entrée, etc. (*S. l.*), 1539, in-4° goth. de 13 feuillets.

— La magnificque et triumphante entrée, etc. (*S. l. n. d.*), in-8° goth. de 18 feuillets.

63. Triumphes dhonneur faiz par le commandement du Roy à l'Empereur en la ville de Poictiers où il passa venant Despaigne en France, le IXe jour de décembre lan mil CCCCC XXXIX, Ensemble de l'entrée et triumphes faitz audit Empereur le premier jour de lan ensuivant par les Université, Cité et Ville de Paris en France. — Imprimé à Gand prés le Chasteau par moi Pierre Coesar lan mil CCCCC XXXIX (v. st.) le XIX janvier, petit in-8° en lettres rondes de 16 feuillets.

La relation de l'entrée à Paris est signée Camille Romain.

64. El grande y muy sumptuoso recibimiento que hizieron en la gran cibdad de Paris al invictissimo Emperador y Rey nuestro señor (*S. l. n. d.*), in-4° goth. de 4 feuillets.

65. La sontuosa intrata di Carlos V sempre Augusto en la gran citta di Parigi, con gli appariti, triumphi feste, archi triumphali linei, presenti ceremonie ecclesiastice et pompe regale fatte a S. M. in Francia. Da Parigi alli III di gennaio 1540, petit in-4° de 4 feuillets.

66. Warhafftige auch ganz glaub wurdige newe zeytung, wie Keyserlich Majestal, jungst verschynen den funfften Januarii dises XL par isl Getracht zu Augsburg durch Heyrich Steyner, in-4° goth. de 4 feuillets.

67. Entrada de Carlos V en Paris, el año 1540. En Leon de Francia, 1864, in casa de N. Scheuring. In-4° de VII et 6 feuillets non chiffrés.

L'éditeur a donné, page 9, la reproduction en fac-similé du premier feuillet de la pièce originale.

68. Chanson nouvelle de l'Entrée de Lempereur [Charles-Quint] à Paris, et se chante sur le chant de Marseille la Jolie.

— Chanson nouvelle faicte et composée sur toutes les Entrées qu'on a faictes à Lempereur depuis Baionne jusques à Paris, et se chante sur le chant de la Grue. Paris, imp. Bourdier, 1863, in-8° de 6 feuillets.

Réimprimé par les soins de A. Percheron (à 50 exemplaires) sur l'original qui se trouve à la Bibliothèque nationale.

69. L'Entrée de Madame la Princesse [Anne] de Ferrare, à Paris, le mardi 4 décembre 1548. (Cf. *Registres*, t. III, p. 138-141.)

70. Lordre et les articles du Tournoy entrepris pour la solennité du très heureux couronnement et triumphante Entrée du très chrestien Roy Henry, second de ce nom, nostre souverain Seigneur, et de la Royne, son espouse, nostre souveraine Dame, envoyez de par Sa Majesté, à Messeigneurs de la Court de Parlement de Paris et publiez par les Heraux de France, sur la pierre de marbre du palays dudict lieu, le premier jour du mois d'avril 1548. A Paris, on les vend chez Ponce Rofet... et Jacques Rofet... (*S. d.*), in-4°.

— L'ordre et les articles du Tournoy, etc. On les vend à Paris, chez J. André. 1548, in-8°.

— L'ordre et les articles du Tournoy, etc. On les vend à Lyon, chez J. Gillet. 1549, in-8°.

71. Entrée de Monseigneur le Dauphin, fils aisné du Roy Henri II, qui fut depuis le Roi François II, à Paris, le 11 juin 1549. (Cf. *Registres*, t. III, p. 162, 163. — D. Félibien, *Histoire de la Ville de Paris*, t. V, p. 360.)

72. Publication du jour de l'Entrée du Roy très chrestien Henry, deuxiesme de ce nom en la ville de Paris, capitalle (*sic*) de son royaulme. Paris, J. André et G. Corrozet, 1549, in-8°.

73. La Joyeuse Entrée de la royne Catharine de Médicis faicte à Paris, l'an 1549. — Le sacre et couronnement de la Royne faict à Sainct-Denys le 10e juin 1549. — La Joyeuse Entrée du Roy Henry II à Paris, l'an 1549. Paris, [1549], in-4° avec figures.

74. Avant-Entrée du Roy très chrestien à Paris, par Pierre de Ronsart. Paris, Corrozet, 1549, in-4°.

75. Prosphoneumatique au Roy très crestien (*sic*) Henry II, le jour de son Entrée à Paris, 16e de juin 1549 (*S. l. n. d.*). In-4°.

76. Cest l'ordre qui a esté tenu à la nouvelle et joyeuse Entrée que très haut, très excellent et très puissant Prince le Roi Très Chrestien Henri deuzième de ce nom a faicte en sa bonne Ville et Cité de Paris, capitale de son Royaume, le seiziesme jour de juin 1549. — On les vend à Paris chez Jacques Roffet, dict le Faulcheur [1549], in-4° de 38 feuillets avec figures dans le texte et planches. (Cf. Bibl. nat., Fonds français 3107. — *Registres*, t. III, p. 164-179. — *Cérémonial*, t. I, p. 858-870.)

— Cest lordre qui a esté tenu, etc. On les vend à Paris, par Jehan Dallier (*S. d.*) [1549], in-4° de 41 feuillets avec figures attribuées à Jean Cousin.

77. Les grands Triumphes faicts à l'Entrée du Très-Chrestien et Victorieux Roy Henri second de ce nom, en sa noble Ville, Cité et Université de Paris. Paris, (*S. d.*) [1549], chez Germain de la Fosse, in-8° goth. de 16 feuillets.

— Les grands Triumphes, etc. Rouen, chez Jehan Le Prest (*S. d.*) [1549], très petit in-8° goth. de 16 feuillets.

— Les grands triumphes, etc. On les vend à Paris chez Jehan Laumussier (*S. d.*) [1549], petit in-8° goth. de 12 feuillets.

78. Les grands triumphes faictz a lentrée du tres chrestien et victorieux Roy Henry second de ce nom, en sa noble ville, cité et université de Paris. Imprimé à Paris pour Germain de la Fosse, librayre (*S. d.*), in-8° goth., avec portrait du roi sur le titre.

Est imprimé à la fin : *La magnifique entrée de la Royne en la ville de Paris qui fut faicte le mardy 18e jour de juing mil cinq cens quarante neuf.*

79. Le grand triumphe magnificque et resjouissance des Parisiens de la venue du très chrestien Roy Henri second en sa ville de Paris, par Ferrand Debez, avec une epistre à la Royne. Paris, Nicolas Buffet, 1549, petit in-8° de 8 feuillets.

80. De Adventu Henrici II Valesii, christianissimi Francorum Regis in Metropolim regni sui Lutetiam Parisiorum, oratio habita a nobilissimo et generosissimo Juvene Joanne Stevarto, Scoto, nonis Julii, in gymnasio Prelleorum. Parisiis, ex typis M. Davidis, 1549, in-4°.

81. Ordre de l'Entrée de la Royne [Catherine de Médicis] à Paris, le 18 juin 1549. Paris, 1549, in-4°. (Cf. *Registres*, t. III, p. 179-182. — *Cérémonial*, t. I, p. 870.)

82. Entrée et réception des Ambassadeurs des Ligues des Suisses, à Paris, le dimanche 29 septembre 1549. — Banquet offert aux délégués suisses dans la grand salle de l'Hôtel de Ville. (Cf. *Registres*, t. III, p. 191-194.)

83. Réception du marquis de Northampton, Ambassadeur d'Angleterre, à Paris, le 30 mai 1551. (Cf. *Ibid.*, p. 249 et 253.)

84. Entrée de Monseigneur [Jérôme Veralle], Légat du Saint-Siège, à Paris, le dimanche 13 décembre 1551. (Cf. *Ibid.*, p. 274, 275.)

85. Entrée solennelle et réception par le Corps de Ville de Monseigneur le Cardinal [Louis] de Bourbon, à Paris, le dimanche 10e jour d'avril 1552. (Cf. *Ibid.*, p. 299.)

86. Salutation, harangue et présents faits au Nonce du Pape, à son arrivée à Paris, par Messieurs de la Ville, le 27e jour d'août 1552. (Cf. *Ibid.*, t. IV, p. 7.)

87. Harangue et presents faits à l'ambassadeur du roi d'Argie (*sic*) [pachalickat d'Argos], à son arrivée à Paris, par Monsieur le Prevost des Marchands accompagné du Corps de Ville, le 24 novembre 1552. (Cf. *Ibid.*, p. 68, 69, 73, 74.)

88. L'Entrée du Légat [Jérôme Capo di Ferro], Cardinal de Saint-George, à Paris, le dimanche 14 mai 1553. (C. *Ibid.*, p. 157-160.)

89. Cérémonies de l'Entrée du Cardinal Poole, Légat du Saint-Siège, à Paris, le dimanche 8e jour d'avril 1554. (Cf. *Ibid.*, p. 269-274.)

90. Mandement du Prévôt des marchands aux archers de la ville touchant l'Entrée du cardinal [Louis] de Bourbon, lieutenant du Roi à Paris, le jeudi 28 juin 1554. (Cf. *Ibid.*, p. 309.)

91. Mandemens aux cappitaines des archers, arbalestriers et harquebusiers touchant la visite faite par le Corps de Ville au seigneur [Charles, comte] de Lalain, chevalier de l'ordre de la Toison d'Or, gouverneur et grand bailly de Hainaut, ambassadeur de l'Empereur Charles [Quint] à Paris, le 24 mars 1556. (Cf. *Ibid.*, p. 412-414.)

92. Honneurs rendus et présents faits à Milord Clynton, ambassadeur de la reine d'Angleterre, à son arrivée à Paris, le 16 avril 1556. (Cf. *Ibid.*, p. 416, 417.)

93. **Entrée de Monseigneur le Cardinal [Charles] Caraffa, Légat du Saint-Siège, à Paris, le dimanche 28 juin 1556.** (Cf. *Registres*, t. IV, p. 436, 437.)

94. **Entrée solennelle du Cardinal [Antoine] Trivulce, Légat du Saint-Siège, à Paris, le 3 janvier 1558.** (Cf. *Ibid.*, p. 515, 516.)

95. **Recueil des Inscriptions, Figures, Devises et Masquarades, ordonnées en l'Hostel de Ville, à Paris, le jeudy 17 de février 1558, devant le Roy Henri II, à son retour de la comté d'Oye heureusement conquestée, fait par Estienne Jodelle, parisien. Paris, chez André Wechel, 1558, in-4°.** (Cf. *Ibid.*, p. 522-524.)

96. **Recueil des Inscriptions, Figures, Devises et Masquarades, etc. Autres inscriptions en vers héroïques latins, pour les images des Princes de la Chrestienté, par Estienne Jodel. A Paris, chez André Wechel, 1558, in-4°.**

97. **Réception des Ambassadeurs du Roi [Philippe II] d'Espagne, à Paris, le 16 juin 1559.** (Cf. *Registres*, t. V, p. 30, 31.)

98. **Arrivée du Duc [Emmanuel-Philibert] de Savoie, à Paris, pour épouser Madame Marguerite, sœur du Roi [Henri II], le 21 juin 1559.** (Cf. *Ibid.*, p. 31.)

99. **Regales Gallorum regis Triumphi Parrisiis** (*sic*) **celebrati in gratiam nuptiarum filiæ ejus Elisabet** (*sic*) **cum Hispaniarum rege, et Margaritæ sororis illius cum Insubrum Duce, a Claudio de Vaulx, nobili gallo. Parisiis, in officina Caroli Périer, 1559, in-4° de 8 feuillets.**

100. **Avertissement du Roy nostre sire, du temps de son Entrée en sa ville de Paris.** Lyon, 1561, petit in-8° de 4 feuillets, portrait gravé sur le titre.

101. **Devis et marchés passés par la ville de Paris, pour l'Entrée solennelle du roi Charles IX, en 1571.** — Extrait de la *Revue archéologique*, cinquième année, deuxième partie, p. 519-573-661. Paris, A. Leleux, 1849, in-8°.

102. **Entrée solennelle du Roi Charles IX à Paris, le mardi 6 mars 1571.** (Cf. *Registres*, t. VI, p. 263-288. — *Cérémonial*, t. I, p. 519 et suiv. — *Memoires du Règne de Charles IX*, t. I, p. 51.)

103. **Prosphonématique au Roy sur son Entrée à Paris, le 6 de mars 1571, par Pierre de La Roche, Sainctongeois.** Paris, Dumont, 1571, in-8°.

104. **Au Roy [Charles IX] sur son Entrée, son mariage et sa chasse, Théralogue ou Éclogue forétière faicte par son commandement et présentée à Sa Magesté** (*sic*). — Extraite du sixième livre de la *Clion*, de François d'Amboise, parisien. — A Paris, chez Gervais Mallot, 1571, in-8° de 8 feuillets avec portrait.

— **Au Roy sur son Entrée, etc.** A Rouen, chez Le Mesgissier, 1571, in-8°.

105. Hymne sur lentrée du tres excellent et tres crestien Roy de France en sa fameuse ville de Paris... par François Rose, parisien. Paris, 1571, petit in-8° de 8 feuillets.

106. Bref et sommaire Recueil de ce qui a esté faict, et de l'ordre tenu à la Joyeuse et Triumphante Entrée de très puissant, très chrestien prince Charles IX de ce nom, roy de France, en sa bonne Ville et Cité de Paris, Capitale de son royaume, le mardi sixiesme jour de mars, avec le couronnement de très haulte, très illustre et très excellente princesse Madame Elisabeth d'Autriche, son épouse, le dimanche vingt cinquiesme et entrée de ladicte Dame en icelle ville le jeudy vingt neufviesme dudit mois de mars 1571. A Paris, chez Denys Du Pré, pour Olivier Codoré, 1572, quatre parties en un vol. petit in-4°, avec 16 figures sur bois.

107. Description des Appareilz, Arcs triumphaux, Figures et Portraictz dressez en lhoneur (*sic*) du Roy, au jour de son Entrée en la Ville de Paris, le sixiesme jour de mars 1571. A Paris, chez Guillaume de Nyverd (*S. d.*), petit in-8° de 12 feuillets.

La description est écrite sous forme d'hymne en vers par Jacques Prevosteau, chartrain.

Ce même poème a été réimprimé sous le titre ci-dessus, à Rouen, chez Martin Le Mesgissier (*S. d.*), petit in-8° de 11 feuillets; et à Paris (à 50 exemplaires), par Aubry, 1858, petit in-8°, sous le titre d'*Entrée de Charles IX à Paris, le 6 mars 1571.* (Cf. D. Félibien, *Histoire de la Ville de Paris*, t. V, p. 406-444.)

108. Entrée solennelle d'Élisabeth d'Autriche, Reine de France, à Paris, le jeudi 29 mars 1571. (Cf. *Registres*, t. VI, p. 197-311.)

109. C'est l'ordre et forme qui a esté tenu au sacre et couronnement de très puissante princesse Madame Élizabet d'Autriche, royne de France, faict en l'Église de l'abbaye Sainct-Denis en France, avec son entrée faicte à Paris, le 25e (*sic*) jour de mars 1571. A Paris, chez Olivier Codoré, 1571, in-4°.

— C'est l'ordre et forme, etc... A Paris, chez Gille Robinot, 1610, petit in-8° de 43 feuillets.

110. Épître démonstrative faicte à très haulte et très puissante princesse Madame Élisabeth d'Austriche, fille d'Empereur et Royne de France, par M. Anthoine Crespin Nostradamus, médecin et astrologue ordinaire du très hault et très chrestien Roy de France, d'un signe admirable d'une comette (*sic*) qu'il a veue au ciel, en présence de plusieurs grands seigneurs de ce dict Royaume et mys en lumière la déclaration dicelle par ledict autheur : laquelle fut veue dans vostre grande Université de Paris, le 29e de mars 1571, le jour de vostre très héroïque Entrée qui fut faicte en la dicte Cité. Et sera remedié et contourné tout son malin effect, par le moyen de vostre benigne et sacrée Majesté. Paris, de l'imprimerie de Nicolas du Mont, 1571, petit in-4° de 10 feuillets non chiffrés.

111\. L'ordre tenu à l'Entrée de Charles IX, à Paris, le mardy 6 mars 1571, avec le couronnement d'Élisabeth d'Autriche, son espouse, le dimanche 25, et l'Entrée de ladicte Dame en icelle Ville, le jeudy 29 du même mois de mars 1571, par Simon Bouquet, eschevin de Paris. Paris, chez Du Pré, 1572, in-4°.

112\. Le magnifique Triomphe et Esjouissances des Parisiens, faictes en la décoration des Entrées du Très-Chrestien Roy Charles, faicte le 6 mars, en sa Ville de Paris, et de la Royne son Espouse, faicte le 29 dudit mois, l'an 1571, par N. N. D. L. F. [Nicolas Natey de La Fontaine]. A Paris, chez Guillaume de Nyverd (*S. d.*), petit in-8° de 8 feuillets avec portraits sur bois de Charles IX et d'Élisabeth d'Autriche.

113\. Alégresses (*sic*) au Peuple et Citoyens de Paris, sur la Réception et Entrée de très illustre et très héroïque Princesse Élizabeth d'Austriche, Royne de France, en sa bonne Ville de Paris. — Ensemble la généalogie et alliances de la maison d'Austriche extraicte des histoires tant anciennes que modernes, par F. D. B. C. [François de Belleforest, Commingeois]. A Paris, chez Gervais Mallot, 1571, petit in-8° de 20 feuillets.

114\. De Caroli IX Galliarum Regis christianissimi, et serenissimae heroïnae Elizabetae Austriacae ejus uxoris magnifico faustoque in Lutetiam ingressu, Egloga, authore Leodegario a Querco [Léger Duchesne], doctore Regis. Lutetiae, 1571, petit in-8° de 4 feuillets.

115\. Dépenses faites à l'Entrée du Roy [Charles IX] et de la Royne [Élisabeth]. Extrait des *Archives curieuses de l'Histoire de France*, 1re série, t. VIII, p. 367. (*S. l. n. d.*), Cimber et Danjou, 2 feuillets in-8°.

116\. Réception du roi [Henri] de Navarre, le 8 juillet 1572; harangue adressée à ce prince par le Prévost des Marchands; réponse du prince et réplique du Prévost, etc. (Cf. *Registres*, t. VI, p. 468, 469. — *Cérémonial*, t. I, p. 1014.)

117\. L'Entrée à Paris de Monsieur le Légat [Francesco] Orsini, envoyé par Nostre Sainct Père, le dimanche 23e jour de novembre 1572. (Cf. *Registres*, t. VII, p. 39, 40.)

118\. L'arrivée des Ambassadeurs polonais à Paris et l'Entrée et Couronnement de Henri, duc d'Anjou, comme Roi de Pologne, le 19 août 1573. (Texte signalé pour la première fois dans l'édition des *Registres des Délibérations de l'ancien Bureau de la Ville*. Cf. t. VII, p. 96-101. — D. Félibien, *Histoire de la Ville de Paris*, t. II, p. 125.)

119\. Ad amplissimos Polonorum legatos Parisiorum urbem ingredientes, Jo. Aurati [Dorat], poetae regii, prosphonetici versus. Parisiis, ex officina Federici Morelli, typographi Regii, 1573, in-4° de 4 feuillets.

120. Épistre présentée au très excellent et invincible Roy de Pologne, filz et frère des Roys de France, à sa bien venue à Paris, par le sieur de Pavillon, près Lorriz. Paris, G. de Nyverd [1573], in-8°, pièce.

— Épistre présentée, etc. Lyon, Rigaud, 1573, in-8°.

121. Épistre présentée au très excellent et invincible Roy de Pologne, fils et frère de Roys de France, à son entrée en la ville de Paris, le 14e jour de septembre 1573, par le sieur de Pavillon. Avec Lesjouïssance des Francois de l'universelle election du Roy de Pologne. Plus Une espistre narrative de la procession generalle faicte à Paris le 7e juin audict an. Paris, par G. de Nyverd (*s. d.*), in-8°.

122. Ad Erricum Valesium serenissimum Poloniae regem, Lutetiam celebri pompa ingredientem, panegyricus Joannis Bonefonii, Arverni Claromontani. Parisiis, ex typographia Dionysii a Prato, 1573, in-8° de 6 feuillets.

123. Hymne triomphal sur lentrée et louange du très illustre et serenissime Prince Henry, esleu Roy Auguste de Pologne et grand duc de Lituanie, faicte à Paris le 14e jour de septembre 1573, dédié à très haut et très illustre prince Monseigneur le grand Prieur de France. A Rouen, chez Nicolas Mulot et Jean Vattes [1573], petit in-8° de 11 feuillets.

— Hymne triomphal, etc. Lyon, 1573, in-8° de 6 feuillets.

124. In regium et magnificum serenissimi potentissimique Poloniae regis Henrici... in urbem Lutetiam Parisiorum ingressum, carmina gratulatoria, authore Jacobo a Falkenburg dicto Milichio, Brandeburgo jurisconsulto, Regio Franciae alumno. Parisiis, ex officina Federici Morelli, typographi Regii, 1573, petit in-8° de 8 feuillets.

125. Magnificentissimi spectaculi a Regina Regum matre in hortis suburbanis editi, in Henrici Regis Poloniae invictissimi nuper renunciati gratulationem, descriptio. Johanne Aurato [Jean Dorat] poeta regio, autore. Parisiis, 1573, in-4°.

126. Réception de l'Ambassadeur de l'Empereur [Maximilien II] à Paris, le 15 septembre 1574. (Cf. *Registres*, t. VII, p. 204.)

127. Arrivée à Paris de Milord [Roger, baron] de North, Ambassadeur de la Reine [Élisabeth] d'Angleterre... octobre 1574. (Cf. *Ibid.*, p. 210, 218.)

128. Entrée des Ambassadeurs des Ligues des Suisses, à Paris, le 28 avril 1575. (Cf. *Ibid.*, p. 247.)

129. Arrivée des Ambassadeurs de la République de Venise, à Paris, le dimanche 23e jour d'octobre 1575. (Cf. *Ibid.*, p. 304.)

130. Salutation à la Royne de France, Loyse de Lorraine, sur son arrivée et bienvenue à Paris, le vingt septiesme de février mil cinq cens septante cinq (v. st.) [par François du Tertre]. Paris, par D. du Pré, 1575, in-8°.

131. Ordre tenu à l'entrée et réception des Ambassadeurs des Ligues Suisses, à Paris, le 28 novembre 1582. — Le Corps de Ville assiste au renouvellement de l'alliance entre le Roi et les Suisses, le 2 décembre. — Dîner offert par la Ville aux Ambassadeurs Suisses le lendemain 3 décembre 1582. — Fêtes et réjouissances publiques dans les divers quartiers de la capitale. (Cf. *Registres*, t. VIII, p. 302-306.)

132. Brief discours de la magnifique réception faicte par la Majesté du Roy Henry troisième, Roy de France et de Pologne, aux Ambassadeurs des puissants et libres potentats Suisses Grisons et leurs coalliez, députez à jurer l'alliance accordée entre sadicte Majesté et lesdicts seigneurs des Ligues, non imprimé jusqu'à présent à cause de la maladie et longue absence de l'Autheur. Par Charles Tatt... Paris, Jamet Mettayer, 1585, in-4°.

133. Entrée solennelle de la Reine mère [Catherine de Médicis], à Paris, le 15 juillet 1585. (Cf. t. VIII, p. 471-473.)

134. Discours des Ambassadeurs d'Allemagne qui sont venus à Paris vers le Roy pour moyenner la paix en France. Paris, C. Royer, 1586, in-8°.

135. Entrée du Roi, à Paris, le mercredy 24 décembre 1587. (Cf. *Registres*, t. IX, p. 93-98.)

136. Relazione del publico ingresso fatto in Parigi [1587] dell' ambasciatore Giovanni Mocenigo, publicata da Antonio del Piccolo. Venezia, tip. dell' Ancora, 1895, in-8° de 23 pages.

137. Lordre et magnificence faicte à la réception du Légat, par Messieurs de Paris, le samedy et dimanche vingtiesme et vingt-uniesme jour de janvier 1590. Paris, pour H. Velu. (*S. d.*), in-8°.

138. Parisiensium civium ad illustrissimum S. Sedis Legatum Henricum Caietanum, oratiunculæ, mense februario 1590. Parisiis, ex typographia D. Millot, 1590, in-8°.

139. Harangue au révérendissime et illustrissime Légat Henry Caietan, faicte par aucuns Bourgeois de Paris, au moys de febvrier 1590. Paris, D. Millot, 1590, in-8°.

C'est, en français, la harangue que l'on trouve en latin sous le numéro précédent.

140. Harangue prononcée à Monseigneur l'illustrissime et reverendissime Henry, cardinal Caietan, de la noble et ancienne maison des ducs de Sermonette, collatéral de Sa Sainteté en France. Troyes, par J. Moreau [1590], in-8°.

— Harangue prononcée à Monseigneur, etc. Paris, par N. Nivelle et Robin Thierry, 1590, in-8°.

Réimprimé deux fois dans la même année.

141. Harangue sur la Légation en France de Monseigneur l'illustrissime et reverendissime Henry, cardinal Caietan, de la noble et ancienne maison des Ducs de Sermonette, collatéral de Sa Sainteté en France. Lyon, par J. Patrasson, 1590, in-8°.

Même ouvrage que le précédent.

142. Entrée du Roi [Henri IV] à Paris, le jeudi 15 septembre 1594 (Cf. *Registres*, t. IX, p. 86-89. — *Pierre de l'Estoile*, mémoires et journaux, t. VI, p. 226-229.)

XVIIe SIÈCLE.

143. Dessein de l'Entrée de la Reine Marie de Médicis en 1610. (Cf. *Cérémonial*, t. I, p. 960. — *Registres*, à la date ci-dessus.)

144. L'Entrée de la Reine Marie de Médicis à Paris, en 1610, par Émile Roy. (Cf. *Rev. d'hist. litt. de la France*, t. I, p. 422-429. Paris. 1894, in-8°.)

145. Salutation en forme de chant triomphal. Récité par les Muses et Nymphes françaises assemblées dans Paris pour saluer le très chrétien... Louis XIII, roi de France et de Navarre, au retour de son sacre et couronnement... par Pascal Moreaux, sieur de la Chaume. Paris, S. de Sommavilla, 1610, in-8°.

146. Stations faites pour l'Entrée de la Royne à Paris, après son couronnement, par Antoine Le Clerc, escuyer, sieur de La Forest. Paris, 1611, in-8°.

147. Cartel présenté par les Chevaliers de la Gloire, soutenants contre tous assaillants, publié à Paris, le 13 mars 1612, en réjouissance du mariage des plus grands noms de l'Univers. Lyon, par J. Poyet, 1612, prins sur la copie imprimée à Paris, in-8°.

148. Le Roman des Chevaliers de la Gloire, contenant plusieurs hautes et fameuses Adventures des Princes et Chevaliers qui parurent aux Courses faites à la Place Royale pour la feste des alliances de France et d'Espagne, avec la description de leurs entrées, équipages, habits, machines, devises, armes et blasons de leurs maisons, par François de Rosset. Paris, veuve Bertault, 1612, in-4°.

149. Le Roman des Chevaliers de la Gloire, etc. Paris, François Huby, 1613, in-4°.

Nouvelle édition de l'ouvrage précédent.

150. L'Histoire du palais de Félicité, contenant les aventures des Chevaliers qui parurent aux courses faites à la Place Royale, pour la fête des alliances de la France et de l'Espagne, avec la suite de ce qui s'est passé sur ce sujet depuis ces triomphes... jusques à l'accomplissement des deux mariages... dédiée à Leurs Majestés très chrétiennes, par François de Rosset. Paris, F. Huby, 1616, in-4°.

Même ouvrage que le précédent.

151. Le Camp de la Place Royale, ou Relation de ce qui s'y est passé les 5e, 6e, 7e jour d'avril 1612, pour la publication des mariages du Roi et de Madame [sa sœur] avec l'Infante et le Prince d'Espagne, le tout recueilli par le commandement de Sa Majesté [la Reine Régente], par Honorat Laugier, écuyer, sieur des Porchères. Paris, Jean Laguehay, 1612, in-4°.

— Le Camp de la Place Royale, etc. Paris, J. Micard, 1612, in-8°.

— Le Camp de la Place Royale, etc. Paris, Th. du Bray, 1612, in-8°.

152. Le Carrousel des Pompes et Magnificences faictes en faveur du mariage du très chrestien Roy Louis XIII avec Anne, infante d'Espagne, le jeudy, vendredy, samedy, 5, 6, 7 d'avril 1612, en la Place Royale à Paris, par tous les princes et seigneurs de France avec leurs noms. Paris, par J. Fuet, 1612, in-8°.

— Le Carrousel, etc. Paris, Louis Mignot, 1612, in-8° de 8 feuillets.

— Le Carrousel, etc. Paris, Louis Mignot et J. de Bordeaulx, in-8°.

— Le Carrousel, etc. Paris, G. Maret, in-8°.

— Le Carrousel, etc. Paris, suivant la copie imprimée à Paris pour Jean Mignot, 1612, in-8°.

— Le Carrousel, etc. Lyon, C. Cayne, prins sur la copie imprimée à Paris, 1612, in-8°.

153. Recueil des Cartels publiés ès présences de Leurs Majestés en la Place Royale, les 5, 6, 7 d'avril 1612. Paris, Micard, 1612. (Cf. *Registres*, ms. Arch. nat., aux dates précitées.)

154. Le triumphe royal, comprenant un brief discours de ce qui s'est passé au Parc Royal, à Paris, au mois d'avril 1612, en faveur du mariage du Roi avec l'Infante d'Espagne. Paris, imprimerie d'A. Du Breuil, 1612, in-8°.

— Le triumphe royal, etc. Troyes, par N. Moreau, dit le Coq, 1612, in-8°.

155. Complainte du faquin du Parc Royal qui a soutenu tous les Cavaliers du Carrousel tant defendants qu'assaillants, par J. de la V... suivant la copie imprimée à Paris par Fleury Bourriquant, 1612, in-8°.

156. Satire des Dames contre les Chevaliers du Carrousel, par M. A. D. R., avec la réponse des Chevaliers aux Dames, par J. B. L. C. Paris, 1612, in-4°.

157. Les Courses de bague faites en la Place Royale, en faveur des heureuses alliances de France et d'Espagne, par les Princes et Seigneurs de France, composé par N. L. M. S. D. P. Paris, Jean Millot et Jean de Bordeaulx, 1612, in-8° de 7 feuillets.

158. La réjouissance des compagnies qui auraient fait montre devant le Roi et la Reine Régente étant armés à Paris, avec la sapience manifestée, qui leur a été présentée en avril, par le sieur des Viettes, historiographe de Leurs Majestés. (*S. l. n. d.*), in-8°.

Réimprimé dans la même année.

159. Les feux de joie de la France, sur les pompes et magnificences faites à Paris pour l'heureuse alliance de son Roy avec l'Infante d'Espagne. — Paris, imprimerie d'A. Du Breuil, 1612, in-8°.

Réimprimé deux fois la même année.

— Les feux de joie, etc. Lyon, par B. Ancelin, 1612, in-8°.

— Les feux de joie, etc. Lyon, par C. Cayne, prins sur la copie imprimée à Paris, 1612, in-8°.

160. L'Entrée de Monseigneur le duc de Pastrana, ambassadeur extraordinaire de Sa Majesté Catholique, faicte à Paris, le 13 d'aoust, pour l'accomplissement de l'heureux mariage de Madame Élizabeth de France, sœur du Roi, et de Philippes-Dominique-Victor, fils aîné d'Espagne, avec l'ordre que tenoient les seigneurs qui accompagnoient Son Excellence, ensemble leurs devises, armoiries et titres, par J. Baudouin. Paris, Ant. Du Breuil, 1612, petit in-8° de 7 feuillets.

161. Discours sur ce qui s'est passé à l'arrivée de M. le Duc de Pastrana, ambassadeur d'Espagne; ensemble une réjouissance de la France sur le bonheur des alliances de France et d'Espagne, avec l'explication d'une prophétie de Nostradamus, sur le même sujet, par le sieur D. S. A. Paris, veuve Pierre Bertault, 1612, in-8° de 15 pages.

162. La réception faite dans le Louvre de M. le Duc de Pastrana, Ambassadeur Extraordinaire de Sa Majesté Catholique, pour l'accomplissement des heureuses alliances de France et d'Espagne; ensemble l'ordre, les cérémonies et les réponses qui lui furent faites à l'audience qui lui fut donnée par Leurs Majestés. Paris, Jean Nigaud, 1612, petit in-8° de 7 feuillets.

Réimprimé dans la même année.

163. Le grand bal de la reine Marguerite fait devant le Roi, la Reine et Madame, le Dimanche 26 août, en faveur de M. le Duc de Pastrana, Ambassadeur Extraordinaire pour les alliances de France et d'Espagne, [par F. Fassardi]. Paris, J. Nigaut, 1612, in-8°.

— Le grand bal de la reine Marguerite, etc., par F. Fassardi. Lyon, Jean Gautherin, 1612, in-8°.

164. Ordre, Entrée et Cérémonies observées par la Ville de Paris à l'heureux retour de Louis XIII, Roi de France et de Navarre, avec la montre générale faite au Pré aux Clercs et la réception des sieurs Prevôt des Marchands et Eschevins de ladicte Ville, faite à Sa Majesté le 16 septembre, par Me C. Jourdan, Parisien, Huissier des comptes. Paris, J. Brunet, 1614, in-8°, pièce. (Cf. *Registres*, à la date ci-dessus; *Cérémonial*, t. Ier, p. 970.)

— Ordre, Entrée et Cérémonies observées par la Ville de Paris, etc. Lyon, par C. Cayne, prins sur la copie imprimée à Paris, 1614, in-8°.

165. Discours au Roy sur son retour [de Bretagne] et Entrée faite à Paris le seizième jour de septembre mil six cens quatorze, présenté à Sa Majesté par Maître Pierre de Bernard. Paris, J. Brunet, 1614, in-8°.

166. L'allégresse et réjouissance publique du généreux peuple de Paris, pour l'heureux retour de son roi débonnaire, Louis XIII, monarque du puissant Empire français, par le sieur Jean-Philippe Varin. Paris, par Fleury Bourriquant. (*S. d.*), in-8°.

167. Esjouissance de la Ville de Paris sur le retour de Leurs Majestés, avec la réception des habitants d'icelle, ensemble plusieurs sonnets, acrostiches et anagrammes sur les noms de Leurs dites Majestés [par Antoine Mathas]. Paris, J. Ramier, 1614, in-8°.

168. Panégyrique au Roi et à la Reine régente sur leur retour de Poitou et de Bretagne, présenté à Leurs Majestés, par P. Bardin. Paris, J. Foüet, 1614, in-8°.

169. Stances au Roi sur son heureux retour en sa Ville de Paris, par Charles Berault. Paris, 1614, in-4°.

170. Le Discours gracieux de la Nymphe parisienne sur le désiré retour de son petit roi tant aimé. Paris, 1614, in-4°.

171. Chant de réjouissance sur le retour du Roi Louis XIII en sa Ville de Paris. Paris, 1614, in-4°.

172. Chant plein de gaieté que la Ville de Paris entonne au retour de son Roi, le 16 septembre 1614. Paris, 1614, in-4°.

173. Avertissement aux Bourgeois de Paris de se préparer à la venue du Roi, suivant l'ordonnance de MM. les Gouverneur, Prevôt des Marchands et Eschevins de ladite Ville [7 novembre 1615]. Paris, imp. d'A. Du Breuil, 1615, in-8°.

174. Préparatifs pour aller au devant du Roi et de la Reine à leur retour à Paris. Paris, P. Mettayer, 1616, in-8°.

Réimprimé dans la même année.

— Préparatifs, etc. Lyon, par N. Julliéron, 1616, in-8°.

175. Le présent fait à la Reine, mère du Roi, étant arrivée en la Ville de Paris [11 mai]. Paris, imp. d'A. Du Breuil, 1616, in-8°.

176. Retour du Roi Louis XIII à Paris [de son voyage en Guyenne] et de l'Entrée de la Reine, sa femme, à Paris, le 16 mai 1616. (Cf. *Cérémonial*, t. Ier, p. 977 : *Registres*, à la date précitée.)

177. Les Triomphes préparés pour l'infanterie des Bourgeois de Paris à la prochaine réception de Leurs Majestés, ensemble les récompenses de Leursdites Majestés en faveur de leurs bons services. Paris, imp. d'A. Du Breuil, 1616, in-8°.

178. L'ordre tenu à la réception du Roy et de la Royne en leur bonne Ville de Paris, le lundy seiziesme jour de may. Paris, Ant. Du Breuil, 1616, petit in-8° de 8 pages.

Réimprimé dans la même année.

179. Les souhaits des Parisiens sur l'Entrée du Roi et de la Reine; le bonheur des très chrétiennes et catholiques Majestés de France et d'Espagne, l'heureux succès du voyage du Roi, ensemble la réjouissance sur la publication de la paix, par R. R. Avocat. Paris [1616], in-4°.

180. La réception faite à la bienvenue de l'Ambassadeur extraordinaire du Sérénissime Roi de la Grand'Bretaigne, envoyé à Sa Majesté très chrétienne, le lundi 1er jour d'Aoust. Rouen, imp. de M. Le Mégissier, jouxte la copie imp. à Paris, par A. Du Breuil, 1616, in-8°.

181. L'Audience donnée à l'Ambassadeur extraordinaire du Roi de la Grand'Bretaigne, ensemble l'ordre tenu aux pompes et magnificences faites à Son Excellence à sa conduite au Louvre devant Leurs Majestés très chrétiennes, le dimanche 7 d'Aoust, 1616. Paris, imp. d'A. Du Breuil, 1616, in-8°.

182. Les divers convives et festins solennels faits à Monseigneur l'Ambassadeur du Roi de la Grand'Bretaigne, depuis son audience. Paris, imp. d'A. Du Breuil, 1616, in-8°.

183. Manifeste de joie sur l'heureux retour de la Reine à Paris, présenté à Sa Majesté, par le sieur de B[onnefont]. Paris, A. Bavot, 1620, in-8°.

Réimprimé dans la même année.

184. Au Roi, à son retour de Béarn à Paris. (*S. l. n. d.*), in-8°.

— Au Roi, à son retour de Béarn à Paris. Paris, J. Jacquin, 1620, in-8°.

185. Déclaration publique présentée à la Reine, Mère du Roi, sur le retour de Sa Majesté en la Ville de Paris, par le sieur baron de Clair Bourg. Paris, J. Mesnier, 1620, in-8°.

186. Le chant d'allégresse sur le retour de la Reine, Mère du Roi, en faveur de la Ville et Bourgeois de Paris [par Piloust]. Paris, 1620, in-4°.

187. Les allégresses du peuple de Paris pour l'entrée de la Reine Mère, par R. P. F. P. de Lachau. Paris, J. Cottereau, 1620, in-8°.

188. Les préparatifs ordonnés pour l'Entrée et réception du Roi suivant les mandements de MM. les Prevôt des Marchands et Eschevins de la Ville de Paris. Paris, N. Alexandre, 1622, in-8°.

— Les préparatifs ordonnés pour l'Entrée, etc. Rouen, T. Mallard, 1622, in-8°.

189. Entrée du Roi à Paris, à son retour de Guyenne et de Béarn, le 28 janvier 1622. (Cf. *Cérémonial*, t. Ier, p. 987; *Registres*, à la date ci-dessus.)

190. Le triomphe de la joie sur l'heureux retour du Roi en sa Ville de Paris, dédié à ses bons et fidèles sujets [par Piloust, 22 janvier]. Paris, J. Jacquin, 1622, in-8°.

Réimprimé dans la même année.

191. La Publique Resjouissance de la Ville de Paris, sur l'heureux retour de Sa Majesté en sadicte Ville de Paris. Paris, N. Alexandre, 1623, petit in-8° de 16 pages.

192. Discours sur l'explication des figures du feu de joie dressé devant l'Hôtel de Ville de Paris. Au Roi. Paris, par N. Callemont, 1623, in-8°.

193. Panégyrique au très chrétien roi de France et de Navarre, Louis XIII du nom, à son heureux retour en sa Ville de Paris. Paris, H. Sara, 1623, in-8°.

194. Panegyricus alter, Ludovico Justo, Regi christianissimo, aucthore Abelio Sammarthano Lutetiæ, ex officina R. Stephani, 1623, in-4°.

195. Second panégyrique au Roi, traduit du latin du sieur de Saintemarthe. (*S. l.*), 1623, in-8°.

Traduction de l'ouvrage précédent.

196. Panegyrici duo Ludovico Justo, regi Christianissimo, authore Abelio Sammarthano. . . Editio secunda. Lutetiæ, ex officina R. Stephani, 1623, in-8°.

Réimpression des n°s 193 et 194.

197. Charistia regia, vel in optatiss. et auspicatiss. Christianiss. Franciæ et Navarræ Regis, Lodoici XIII, Lutet. Paris. reditum, gratulatio; eidem opt. pat. par. Clem. princ. pacif. vict. authore J. Fauconnier. [Paris], 1623, in-4°.

198. L'ordre véritable tenu et observé à l'Entrée de Monseigneur le [Cardinal François Barberini, prince] Légat, depuis Saint-Magloire jusques à Notre-Dame de Paris, tant par le Corps des Ecclésiastiques que celui de la Justice et des Marchands, le mercredi vint et unième du présent mois de mai 1625. Paris, N. Alexandre, 1625, in-8°.

— L'ordre véritable, etc. . . . Paris, imp. de C. Hulpeau, 1625, in-8°.

199. L'ordre véritable tenu et observé à l'arrivée de M. le Légat, depuis l'Église Saint-Magloire jusqu'à Nostre-Dame. Paris, 1625, in-12 de 7 pages.

200. L'honorable entrée et magnifique réception de M. le Légat en la Ville de Paris, envoyé en France par Notre Saint Père le pape Urbain VIII. Paris, J. Bessin, 1625, in-8°.

201. L'honorable entrée et magnifique réception de M. le Légat en la ville de Paris. (*S. l.*), 1625, in-12 de 12 pages.

202. Allegresse publique pour le jour de l'arrivée de Monseigneur de Boquingham à Paris, de la part du Sérénissime Roi de la Grand'Bretagne, [par Garnier, 24 mai]. (*S. l.*), 1625, in-8°.

203. Les pompes et magnificences avec l'ordre observé au départ de la Sérénissime Reine de la Grand'Bretagne [Madame Henriette de France, sœur du Roi], depuis le château du Louvre, jusques à Sainct-Denys en France [2 juin]. Paris, imp. de C. Hulpeau, 1625, in-8°.

204. Les pompes et magnificences observées au départ de la Sérénissime Reine de la Grand'Bretagne, depuis la Ville de Paris jusques à Sainct-Denys en France. Paris, 1625, in-8°.

205. La Couronne envoyée par le Roi d'Angleterre à Madame Sœur du Roi, son épouse, et l'appareil magnifique de son départ, par Pierre d'Auberoche. Paris, 1625, in-4°.

206. Entrée du roi Louis XIII à Paris, à son retour de la Rochelle, le 23 décembre 1628. (Cf. *Cérémonial*, t. Ier, p. 994-999.)

207. Le Chant triomphant du Roi à son retour de la Rochelle dans sa Ville de Paris. Paris, J. Guillemot, 1628, in-8°.

Une épigramme finale est signée : de Mallevaud.

208. Éloges et discours sur la triomphante réception du Roi en sa Ville de Paris, après la réduction de la Rochelle [23 décembre], accompagnés des figures, tant des arcs de triomphe que des autres préparatifs [gravées par Melchior Tavernier et P. Firens]. Paris, P. Rocolet, 1629, in-fol.

209. Traduction française des inscriptions et devises faites pour l'Entrée du Roi. (*S. l. n. d.*), in-4°.

210. Sujet du feu d'artifice sur la prise de la Rochelle que Morel doit faire pour l'arrivée du Roi sur le seuil devant le Louvre. Au Roi. Paris, C. Son et P. Bail, 1628, in-8°.

211. Sujet du feu d'artifice fait à l'Entrée du Roi dans sa Ville de Paris, ensemble le ballet représenté sur la rivière de Seine, devant le Louvre. Au Roi [par Morel]. Nantes, H. Mauclerc, jouxte la copie imp. à Paris, 1629, in-8°.

212. Le Génie de la France au Roi, sur l'Entrée de Sa Majesté en sa Ville de Paris, après la réduction de la Rochelle, par F. Le Comte. [Paris], 1629, in-4°.

213. Le Paranymphe des Muses au Roi, à son retour de la Rochelle dans sa Ville de Paris, par I. S. T. Paris, 1629, in-4°.

214. Chant de rejouissance sur le retour du Roi en sa Ville de Paris. (*S. l. n. d.*), [Paris, 1629], in-4°.

215. Entrée du sieur d'Osterwich, ambassadeur ordinaire des Provinces Unies des Pays Bas, à Paris, le 17 février 1637. (Cf. *Gazette de France*, n° 29, p. 120.)

216. Première entrée du Roi Louis XIV dans la Ville de Paris, capitale de son Royaume, le vendredy 15 may 1643. (Cf. *Cérémonial*, t. Ier, p. 1003; — *Gazette*, n° 63, p. 424.)

217. Entrée du marquis de Saint-Maurice, ambassadeur extraordinaire de Madame de Savoye, le 2 novembre 1643. (Cf. *Gazette*, n° 141, p. 968.)

218. Entrée solennelle du baron Goring, vice-chambellan de la maison du Roy de la Grande-Bretagne et son ambassadeur extraordinaire prèz Leurs Majestez, à Paris, le dimanche 26 décembre 1643. (Cf. *Ibid.*, n° 162, p. 1108.)

219. Entrée du marquis de Cascaes, ambassadeur extraordinaire du Roy de Portugal, à Paris, le 20 avril 1644. (Cf. *Ibid.*, n° 40, p. 256.)

220. L'Entrée et réception faite à Paris par Leurs Majestez à la Reine de la Grande-Bretagne, le 4 novembre 1644. (Cf. *Ibid.* [Extraordinaire], nº 136, p. 937.)

221. La magnifique Entrée des Ambassadeurs Polonois dans la Ville de Paris, le 16 septembre 1645. (Cf. *Ibid.*, nº 126, p. 904 et [Extraordinaire] nº 141, p. 1001-1016.)

222. La célèbre Cavalcade faite le 7 de septembre 1651, pour la majorité du Roi. Paris, 1651, in-4º.

223. Les Emblèmes et Devises du Roy, des Princes et Seigneurs qui l'accompagnèrent en la Cavalcade royale et Course de Bague que S. M. fit au Palais Cardinal en 1656, recueillies et gravées par Giessy, avec l'explication. Paris, De Sommaville, 1657, in-4º.

224. Le triomphe de la France sur l'Entrée royale de Leurs Majestez dans leur bonne Ville de Paris, etc... dédié à Messieurs les Prevost des Marchands et Eschevins de la Ville. Paris, J.-B. Loyson. 1660, in-4º de 16 pages.

225. Requeste présentée à M. le Prevost des Marchands par cent mille provinciaux qui se ruinent à Paris, attendant l'Entrée [de Leurs Majestés], en vers. Paris, De Sercy, 1660, in-4º de 3 pages.

— Requeste présentée à M. le Prevost des Marchands, etc... — Paris, 1660, in-4º de 8 pages.

226. L'assemblée des Muses et leur entretien sur la pompe célèbre qui se fera à l'Entrée de la Reine; avec leurs diverses dispositions dans les amphithéâtres, arcs de triomphe, portiques et autres préparatifs. — Paris, J.-B. Loyson, 1660, in-4º.

227. La Ville de Paris en triomphe pour l'Entrée de Leurs Majestez : où les peintures et tableaux de tous les portiques sont expliquez en vers françois, etc... présentée à M. le Prevost des Marchands et aux Eschevins de cette ville par M. Canu, sieur de Bailleul. — Paris, Cardin-Besongne, 1660, in-4º de 15 pages.

228. Avis en date du 18 août 1660 portant à la connaissance de tous qu'il appartiendra que le Roi et la Reine feront leur entrée dans Paris le 26 août, commençant par les mots : De par le Prevost des Marchands et Eschevins de la Ville de Paris, on fait assavoir à tous, etc. (*S. l. n. d.*), in-fol., plano.

229. Avis utile et nécessaire à Messieurs les Bourgeois et habitants du quartier Saint-Antoine et autres lieux, où le Roi et la Reine doivent passer le jour de leur triomphe. — Paris, J.-B. Loyson, 1660, in-4º.

230. Liste des Nations qui doivent paroître à l'Entrée de la Reine, savoir, cinquante hommes à chaque bande, et seront vestus en armes selon les Nations qu'ils représenteront. (*S. l. n. d.*), in-4º.

231. Ordre général et particulier de la marche qui doit estre observée dans les trois jours consécutifs pour l'Entrée de Leurs Majestez dans leur bonne Ville de Paris, par Messieurs du Clergé, par Messieurs des Cours souveraines, Messieurs les Prevost des Marchands, Eschevins et Bourgeois de ladite Ville, Prevost de l'Isle, chevalier et lieutenant du Guet, etc. . . . avec la description des superbes appareils de la Cour et des magnificences de la milice bourgeoise. Paris, J.-B. Loyson, 1660, in-4° de 11 pages.

232. La Liste générale et particulière de Messieurs les Colonels, Capitaines, Lieutenants, Enseignes et autres Officiers et Bourgeois de la Ville de Paris, avec l'ordre qu'ils doivent tenir à l'entrée royale de Leurs Majestés. . . , avec les Livrées qu'ils doivent faire porter à leurs compagnies. Paris, J.-B. Loyson, 1660, in-4° de 8 pages.

Deux autres éditions publiées dans la même année.

233. La montre générale de Messieurs les Bourgeois de la Ville de Paris, qui sont choisis pour paroître en la magnifique Entrée du Roi et de la Reine dans la Ville Capitale. Paris, A. Lesselin, 1660, in-4°.

234. La Marche royale de Leurs Majestez depuis le chasteau de Vincennes jusqu'au Throsne, et du Throsne jusqu'au Louvre, le jour de leur magnifique entrée en leur bonne Ville de Paris. Paris, Loyson, 1660, in-4°.

235. La Cavalcade royale contenant la revue générale de Messieurs les Colonels et Bourgeois de Paris, faite au parc de Vincennes en présence du Roy et de la Reyne pour la disposition de leurs magnifiques Entrées dans leur bonne Ville de Paris. Paris, J.-B. Loyson, 1660, in-4° de 8 pages.

236. Récit véritable et fidèle de tout ce qui s'est passé dans la Cavalcade du Roi et de la Reine, au parc de Vincennes, à la montre générale des Colonels et Bourgeois de Paris. Paris, J.-B. Loyson, 1660, in-4°.

Même ouvrage que le précédent.

237. Les devises et emblèmes royales et historiques. . . qui sont peints sur le pont Notre-Dame, de tous les Rois de France depuis Pharamond. . . , pour l'entrée triomphante du Roi et de la Reine. Paris, Leché, 1660, in-4° de 12 pages.

238. Les devises générales et particulières des tableaux, figures en relief, plates, peintures et médailles, qui sont aux portes et portiques des arcs de triomphe élevés à la gloire de Louis XIV, Roi de France et de Navarre, et de Marie-Thérèse d'Autriche, Infante d'Espagne et Reine de France, au faubourg et porte Saint-Antoine, Cimetière Saint-Jean, Pont Notre-Dame, Marché Neuf et Place Dauphine; le tout fidèlement expliqué et traduit en vers et en prose. Paris, J.-B. Loyson, 1660, in-4°.

239. Description de tous les tableaux, peintures, dorures, brodures, reliefs, figures et autres enrichissements qui seront exposés à tous les arcs de triomphe, portes et portiques, pour l'Entrée triomphante de Leurs Majestés; ensemble beaucoup d'autres particularités dont on n'a point encore parlé jusqu'à présent. Paris, J.-B. Loyson, 1660, in-4°.

Réimprimé deux fois dans la même année.

240. L'explication des figures et peintures qui seront représentées pour l'Entrée du Roi et de la Reine. Paris, J. Promé, 1660, in-4°.

241. Explication et description de tous les tableaux, peintures, dorures, brodures, reliefs, figures et autres enrichissements qui seront exposés à tous les arcs de triomphe, portes et portiques pour l'Entrée triomphante de Leurs Majestés; ensemble beaucoup d'autres particularités dont on n'a point encore parlé jusqu'à présent. Paris, J. Loyson, 1660, in-4°.

Même ouvrage que les numéros 238 et 239.

242. Les grandes magnificences préparées pour l'entrée triomphante de Leurs Majestés; avec une description de tous les tableaux, peintures, dorures, brodures, reliefs, figures et autres enrichissements qui seront exposés à tous les arcs de triomphe, portes et portiques, pour l'Entrée triomphante de Leurs Majestés: ensemble beaucoup d'autres particularités dont on n'a point encore parlé jusqu'à présent. Paris, J.-B. Loyson, in-4°, pièce.

Même ouvrage que le précédent.

243. L'explication générale de toutes les peintures, statues et tableaux des Portiques et Arcs de triomphe, dressés pour l'Entrée du Roy et de la Reine, Tant au faux bourg et porte Saint-Antoine qu'aux places publiques, Pont Nostre-Dame, Marché Neuf, avec une description de la belle et magnifique pyramide de la place Dauphine et de son amphithéâtre; ensemble toutes les devises et inscriptions latines expliquées en françois; et la marche de Leurs Majestez depuis Vincennes jusques au Louvre. Paris, Cardin-Besongue, 1660, in-4° de 15 pages.

Réimprimé deux fois dans la même année.

244. Explication des Devises générales et particulières des tableaux, figures en relief, plates, peintures et médailles qui sont aux portes et portiques des arcs de triomphe élevés à la gloire de Louis XIV, Roi de France et de Navarre, et de Marie-Thérèse d'Autriche, Infante d'Espagne et Reine de France, au faubourg et porte Saint-Antoine, Cimetière Saint-Jean, Pont Notre-Dame, Marché Neuf et Place Dauphine, le tout fidèlement expliqué et traduit en vers et en prose. L'explication des tableaux est en trois cahiers séparés. Paris, J.-B. Loyson, 1660, in-4°.

Réimprimé deux fois dans la même année.

245. Les Devises de la Porte Saint-Antoine et celles du Pont Nostre-Dame, mises en vers français, avec les plus belles actions de nos Rois, et le temps de leur Règne. Paris, Cardin-Besongne, 1660, in-4° de 15 pages.

246. Sommaire des Rois représentés sur le pont Nostre-Dame, avec leurs devises, leurs règnes et actions mémorables... sur l'heureuse Entrée de Leurs Majestés. Paris, Brunet, 1660, in-4° de 8 pages.

247. Description de l'Arc de la Place Dauphine. Paris, 1660, in-4° de 20 pages avec planches.

248. La description des Arcs de triomphe élevés dans les places publiques pour l'Entrée de la Reine, avec la véritable explication en prose et en vers, des figures, ovales, termes, portiques, devises et portraits qui sont tant au faubourg que porte Saint-Antoine, pont Notre-Dame, Marché Neuf, Place Dauphine, etc., ensemble diverses remarques curieuses et particulières pour les amateurs de l'histoire et l'ordre que Leurs Majestés observeront dans leur marche depuis Vincennes jusqu'au Louvre. Paris, J.-B. Loyson, 1660, in-4°.

Réimprimé deux fois dans la même année.

249. Explication et description de toutes les peintures, figures, dorures, brodures, reliefs et autres enrichissements qui étaient exposés à tous les arcs de triomphe, portes et portiques pour l'Entrée triomphante de Leurs Majestés, tant faubourg Saint-Antoine, Cimetière Saint-Jean, porte près Notre-Dame, Marché Neuf, que la grande et magnifique pyramide de la Place Dauphine. L'explication des devises est en trois cahiers séparés. Paris, J.-B. Loyson, 1660, in-4°.

Réimprimé dans la même année. Même ouvrage que le numéro précédent.

250. La véritable explication et description en prose et en vers, des figures, ovales, termes et portraits de tous les Rois de France qui sont dessus le Pont Notre-Dame à Paris, ensemble quelques remarques curieuses et particulières pour les amateurs de l'histoire, avec la description des arcs de triomphe élevés dans les places publiques pour l'Entrée du Roi et de la Reine. — Paris, J.-B. Loyson, 1660, in-4°.

251. Le feu royal et magnifique qui se doit tirer sur la rivière de Seine, en présence de Leurs Majestez, par ordre de Messieurs de la Ville, avec la description des devises, peintures, architectures, artifices qui doivent paroître dans le vaisseau destiné pour cette magnificence publique. Paris, J.-B. Loyson, 1660, in-4° de 7 pages avec figures.

252. Le feu royal et magnifique qui s'est tiré sur la rivière de Seine, vis-à-vis du Louvre, en présence de Leurs Majestés, par Ordre de Messieurs de Ville (*sic*), pour la réjouissance et l'Entrée du Roi et de la Reine, le 29 aoust 1660. Paris, J.-B. Loyson, 1660, in-4°.

253. L'entière et véritable explication du grand feu d'artifice fait et construit sur la rivière de Seine, proche et vis-à-vis du Louvre. Paris, J. Brunet, 1664, in-4°.

254. Relation de toutes les particularitez qui se sont faites et passées dans la célèbre entrée du Roy et de la Reyne, avec l'ordre de la marche du Clergé et des Cours souveraines, Ensemble la Magnifique Pompe des Seigneurs et de toute leur suite, etc... A Paris, chez J.-B. Loyson, 1660, in-4° de 16 pages.

255. Nouvelle Relation contenant la Royale Entrée de Leurs Majestés dans leur bonne Ville de Paris, le 26 août 1660 : avec plusieurs pièces de prose et de vers y jointes, par François Colletet. Paris, J.-B. Loyson, 1660, in-4°.

256. Le Parfait Portrait de Marie-Thérèse, Infante d'Espagne et Reyne de France. Paris, J.-B. Loyson, 1660, in-4° de 7 pages.

257. Récit fait par les Conseillers Secrétaires du Roi, Syndics des Collèges, touchant l'ordre qu'ils ont tenu près le Chancelier à l'Entrée de Leurs Majestés à Paris, en 1660. (*S. l. n. d.*), in-fol.

258. Le Parnasse royal et les Resjouissances des Muses sur les grandes magnificences qui se sont faites à l'Entrée de la Reyne. Paris, J.-B. Loyson, 1660, in-4° de 11 pages.

259. L'Entrée triomphante de Leurs Majestés Louis XIV, Roy de France et de Navarre, et Marie-Thérèse d'Autriche dans la Ville de Paris, au retour de la signature de la Paix générale et de leur mariage [par Jean Tronson, avocat au Parlement]; avec des figures dessinées par Le Pautre et gravées par Chauveau, et diverses pièces pour l'histoire. Paris, Marot, 1660, in-fol.

260. L'entrée triomphante de Leurs Majestez Louis XIV, Roi de France et de Navarre, et Marie-Thérèse d'Autriche, son espouse, dans la Ville de Paris, au retour de la signature de la Paix générale et de leur heureux mariage [26 aoust]. Enrichie d'un grand nombre de figures, de harangues..., le tout exactement recueilli par l'ordre de Messieurs de De Ville (*sic*) [publiée par Jean Tronçon] A Paris, chez Pierre Le Petit et Le Cointe, 1662, in-fol., figures de Jean Marot et de François Chauveau.

Réimprimé dans la même année.

261. Relations de toutes les particularités qui se sont faites et passées dans la célèbre entrée du Roi et de la Reine ; avec l'ordre et la marche du Clergé et des Cours Souveraines, ensemble la magnifique pompe des Seigneurs et de toute leur suite, et toutes les cérémonies du *Te Deum* [par François Colletet]. Paris, J.-B. Loyson, 1660, in-4°, pièce.

Réimprimé dans la même année.

262. Relations de toutes les particularités qui se sont faites et passées à Paris dans la Célèbre Entrée du Roi et de la Reine, avec l'ordre et la marche du Clergé et des Cours Souveraines. Narbonne, 1660, sur l'imprimé de Paris, in-4° de 11 pages.

263. Nouvelle relation contenant la royale entrée de Leurs Majestés dans leur bonne Ville de Paris, le vingt-sixième aoust 1660; avec une exacte et fidèle recherche de toutes les Cérémonies... [par François Colletet]. Paris, J.-B. Loyson, 1660, in-4°.

264. La Marche royale de Leurs Majestés à l'entrée triomphante de la Reine dans sa bonne Ville de Paris, ensemble la relation véritable de ce qui s'est passé dans l'Église Métropolitaine de Paris... Paris, M. Leché, 1660.

265. Entrée du Roi à Paris, le 14 août 1660, et Institution des Habits à brevet, le 2 octobre 1661. (Cf. le tome I des *Curiosités historiques*. Amsterdam, 1759, in-12.)

266. L'Entrée de la Reyne prézentée à Leurs Majestés le 26me aoust 1660, par le sieur Loret. Paris, Ch. Chenault, imprimeur ordinaire du Roy, avec privilège de S. M. (*S. d.*), in-4°.

267. L'Entrée du Roy et de la Reyne en Leur Ville de Paris, faite en vers héroïques, par le sieur Magnon. Paris, Sébastien Martin et Jacques Roger, 1660, in-4°.

268. La magnifique Entrée du Roi et de la Reine à Paris. Paris, 1660, in-4°.

Cette description est de Gabriel Cossart, jésuite.

269. La Magnifique et Superbe entrée du Roy et de la Reyne en la Ville de Paris. Paris, du Bureau d'Adresses, 1660, in-4° de 32 pages.

Extrait de la *Gazette de France*.

270. La Conférence de Janot et de Piarot Doucet, de Villenoce, et de Jaco Pacquet, de Pantin, sur les grandes magnificences qu'on prépare à Paris pour l'Entrée de la Reine. Paris, 1660, in-4°.

271. La Conférence de Janot et Piarot Doucet, etc. Ensemble comme Janot y raconte ce qu'il a vu au *Te Deum* et au feu d'artifice. Paris [1660], in-4°.

Réimprimé dans la même année.

272. Festi trionfali di Parigi nel ingresso del re christianissimo Luigi XIV e di Maria-Theresa d'Austria, nuova regina di Francia et celebrate a de 26 di Agosto 1660. In Roma per il Moneta, 1660, in-4°.

273. Les harangues et acclamations publiques au Roi et à la Reine, sur leur magnifique entrée en leur bonne Ville de Paris. Paris, J.-B. Loyson, 1660, in-4°.

274. Lettre présentée au Roi contenant les principaux et les plus glorieux ornements du triomphe de Leurs Majestés, avec l'explication des anagrammes mystérieux et prophétiques de leurs vertus héroïques et de l'étendue de leur renommée, ensemble l'application à Sa Majesté des titres illustres et glorieuses devises des rois ses prédécesseurs. Paris, F. Noël, 1660, in-4°.

275. La glorieuse et triomphante entrée de la Sérénissime princesse Marie-Thérèse d'Autriche, Infante d'Espagne, au retour de son très auguste mariage avec notre invincible monarque, Louis de Bourbon XIV, Roi de France et de Navarre, dans leur Ville de Paris. Paris [1660], in-8°.

276. La royale maison du Trosne de la Triomphante entrée de Leurs Majestés en la Ville de Paris. Paris [1660], in-4°.

277. La magnifique entrée du Roi et de la Reine en leur bonne Ville de Paris, en vers burlesques. [Paris, 1660], in-4°.

278. La Muse en belle humeur, contenant la magnifique entrée de Leurs Majestés dans leur bonne Ville de Paris, suivant l'ordre du Roi donné à MM. de Rhodes et de Saintot, grand maître et maître des Cérémonies; avec les éloges du Roi et de la Reine, princes et seigneurs de la Cour, Chancelier, Présidents et Chefs de compagnies qui s'y sont trouvés, le tout en vers burlesques. Paris, 1660, in-4°.

279. Sur l'Entrée de la Reine dans la Ville de Paris, le 26 aoust 1660. Stances, par G. Gaignet. Paris, 1660, in-4°.

280. Le Présent de Paris à la Reine à son Entrée royale, le 26 aoust 1660; ensemble la description de la porte Saint Antoine, de la Place Royale... et autres vues, par P. D. L. M. [Paris], 1660, in-8°.

281. Julius Mazarinus, utriusque fœderis et pacis et nuptiarum minister, cum Joanne Armando collatus et prælatus, sive pompa regia in solemni Augustissimæ Reginæ ingressu [auctore Petro Buray]. Paris, 1660, in-4°.

282. Remerciments de MM. les Provinciaux à MM. les Prevost des Marchands et Eschevins de la Ville de Paris sur la glorieuse et triomphante entrée de Leurs Majestés, en leur bonne Ville de Paris; en vers burlesques. Paris, 1660, in-4°.

Publication faisant suite au n° 277.

283. L'Adieu des Provinciaux à la Ville de Paris, après l'Entrée de Leurs Majestés. Paris, 1660, in-4° de 8 pages.

284. Relation véritable des Cérémonies qui s'observent à la réception des Ambassadeurs des Cantons suisses et de leurs alliés dans la Ville de Paris; ensemble l'ordre de leur marche, la manière dont ils prêtent le serment et la magnificence du festin que leur font Leurs Majestés. Paris, J.-B. Loyson et J. Ribou, 1663, in-4°.

285. La Marche et l'ordre observé à l'Entrée des Ambassadeurs des Cantons suisses et de leurs alliés dans la Ville de Paris, le 9 novembre 1663, ensemble la différence de leurs armes, devises et couleurs; la réception qui leur a esté faite par MM. les Prevost des Marchands et Eschevins, et le nom des princes et seigneurs qui les ont accompagnés depuis Vincennes jusqu'à l'Hôtel qui leur étoit préparé sur l'ordre de Sa Majesté. Paris, J.-B. Loyson et J. Ribou, 1663, in-4°.

286. Parisische Reyss, Handlung, Pundtschwur, etc. [Voyage à Paris, etc., décrit avec fidélité et impartialité, par le capitaine Jean Georges Wagner]. Soleure, dans l'imprimerie de J.-J. Bernhard, imprimé par M. Wehrlin, 1664, in-4°.

287. La Cérémonie faite à Paris, à l'Entrée de Monseigneur l'Éminentissime Cardinal [Flavio Chigi, neveu de Sa Sainteté], Légat en France [9 août 1664]. (*S. l. n. d.*), in-4°.

288. Eminentissimo et Reverendissimo Ecclesiæ principi D. Domino Flavio Chigi, Sanctæ Sedis apostolicæ in Galliam Legato a latere, auctore Joanne Maury. [Paris, 1664], in-8°.

289. Relation de ce qui s'est passé à Paris, à la réception du Roi en l'Hôtel de Ville, le 30 janvier 1687. Paris, [1687], in-4°.

290. Ad Prætorem et Ædiles, pro Regis in urbem adventu auctore Santolio Victorino [30 januarii]. Paris, 1687, in-4°.

291. Explication du feu d'artifice dressé devant l'Hôtel de Ville, par l'ordre de MM. les Prevost des Marchands et Eschevins de la Ville de Paris, le jeudi 30 janvier 1687. Paris, T. Guillain, (*S. d.*), in-4°.

XVIIIe SIÈCLE.

292. Les applaudissements de la France à l'arrivée du Roi à Paris, et sur son Entrée au Parlement pour y prendre séance sur son lit de Justice, le 9 septembre 1715. [Paris, 1715], in-4°.

293. Transports de joie des Parisiens à l'Entrée du Roi Louis XV au Louvre, pour y faire son séjour; avec l'Éloge de Sa Majesté et celui de Monseigneur le Duc d'Orléans [13 novembre 1715]. (*S. l. n. d.*), in-4°.

294. Ode sur l'Entrée publique de Monsieur le Comte de Ribeira, Ambassadeur extraordinaire de Portugal à la Cour de France. Paris, 1716, in-4°.

295. Relation de l'Entrée de Son Excellence Monseigneur le Comte de Kinigsegg, Chambellan de Sa Majesté Impériale... et son Ambassadeur près de Sa Majesté très chrétienne, etc...., qui se fera le Dimanche 23 octobre 1718. (*S. l. n. d.*), imprimerie de veuve Mergé, in-4°.

296. Relation de l'Entrée de Son Excellence Milord Comte de Stair..., ambassadeur extraordinaire de Sa Majesté britannique auprès du Roi très chrétien, faite le 5 février 1719. [Paris], J.-G. Nyon, 1719, in-4°.

297. L'ordre et la marche que doit suivre Celebi Mehemet Effendi, Ambassadeur de la Porte Ottomane, accompagné des gens qu'il aura à sa suite, le nom de toutes les rues par lesquelles il doit passer pour se rendre au château des Thuilleries, afin de féliciter Sa Majesté de la part d'Acmet III, Empereur des Turcs. (*S. l. n. d.*), in-4°.

298. L'entrée de l'Ambassadeur de la Porte Ottomane; avec la liste des officiers qui sont à sa suite [16 mars 1721]. (*S. l. n. d.*), in-4°.

299. Ode au Roi, au sujet de l'Ambassadeur du Sultan Ottoman [1721]. Paris, (*S. d.*), in-8°.

300. Relation de l'Ambassade de Méhémet Effendi à la Cour de France, en 1721, écrite par lui-même et traduite du turc. Constantinople et Paris, Ganeau, 1757, in-12.

— Relation de l'Ambassade de Méhémet Effendi, etc. Paris, Ganeau, 1758, in-12.

301. Relation du voyage de l'Ambassadeur de la Porte Ottomane et de son séjour à la Cour de France. (Cf. *Nouvelle description de la Ville de Constantinople*, etc., 1758.)

302. Ordonnance de Sa Majesté, du 23 février 1722, prescrivant que le jour de l'Entrée de l'Infante d'Espagne, toutes les rues et places y dénommées qui se trouveront sur son passage, soient ornées et les maisons illuminées. (*S. l. n. d.*), in-4°.

303. Avis des Prévôt des Marchands et Eschevins de la Ville de Paris, du 27 février 1722, annonçant que l'Entrée de l'Infante d'Espagne aura lieu en ladite Ville, le lundi 2 mars. Paris, imp. de P. Lemercier, (*S. d.*), in-fol.

304. Ordonnance des Prévôt des Marchands et Eschevins de la Ville de Paris, datée du 27 février 1722, engageant les habitants de cette Ville demeurant dans les rues par où passera l'Infante d'Espagne, de tendre des tapisseries au-devant de leurs maisons et de faire des illuminations par marque de réjouissance publique à cause de l'entrée de cette princesse. (*S. l. n. d.*), in-fol.

305. Explication de tous les superbes édifices et toutes les magnificences qui se font à Paris, pour la réception de Marie-Anne-Victoire, Infante d'Espagne, et les rues par où elle doit passer à son arrivée à Paris. (*S. l. n. d.*), in-4°.

306. Les applaudissements de la France sur l'heureuse arrivée de l'Infante d'Espagne à Paris, le deuxième mars 1722 [par J. B. C. D. L.]. Paris, imp. de V. Vaugon, (*S. d.*), in-4°.

307. Ode sur l'arrivée de Marie-Anne-Victoire, infante d'Espagne, par Arnoux. [Paris, 1722], in-4°.

308. La grande explication du feu prodigieux et des superbes illuminations des Tuilleries pour l'heureuse arrivée de l'Infante Reine à Paris. [Paris], imp. de Veuve Grou, (*S. d.*), in-4°.

309. Explication du magnifique feu d'artifice qui sera tiré dans le château royal des Tuileries, en présence de Sa Majesté Louis XV et de Marie-Anne-Victoire, infante d'Espagne. (*S. l. n. d.*), in-4°.

310. Explication de toutes les décorations et superbes lampions posés devant le Palais-Royal, au sujet de Sa Majesté Louis XV et de Marie-Anne-Victoire, infante d'Espagne. (*S. l. n. d.*), in-4°.

311. Description de la fête magnifique, du feu d'artifice et des illuminations du Palais-Royal, pour l'heureuse arrivée de l'Infante Reine à Paris. Paris, imp. de Veuve Grou, (*S. d.*), in-4°.

312. Explication du magnifique feu d'artifice que M. le duc d'Ossonne fera tirer sur la Seine, pour l'heureuse arrivée de l'Infante Reine. [Paris], imp. de Veuve Grou, (*S. d.*), in-4°.

313. Description de la fête donnée à Paris sur la rivière, le 24 mars 1722, par M. le duc d'Ossonne [par l'abbé Boutard]. Paris, imp. de J.-B. Coignard, 1722, in-4°.

314. La grande description de la fête superbe du feu d'artifice et des illuminations de M. le duc d'Ossonne, pour l'heureuse arrivée de l'Infante Reine à Paris. [Paris], imp. de Veuve Grou, (*S. d.*), in-4°.

Réimprimé dans la même année.

315. Explication du feu d'artifice qui sera tiré devant l'Hôtel de Ville, en réjouissance de l'heureuse arrivée de l'Infante d'Espagne. Paris, J.-F. Grou, 1722, in-4°.

316. Relation des réjouissances publiques et des fêtes données à l'occasion de l'heureuse arrivée de l'Infante Reine. (*S. l. n. d.*), in-4°.

317. L'ordre et la marche de M. l'Ambassadeur de Venise, dans son entrée à Paris, le 30 mai 1728, avec le nom des endroits et des rues par où il doit passer. [Paris], imp. de Coignard, (*S. d.*), in-4°.

Réimprimé (*S. l. n. d.*) dans la même année.

318. L'ordre et la marche et les cérémonies qui seront observées à l'arrivée de la Reine à Paris. [6 novembre, Paris], imp. de L. Coignard, (*S. d.*), in-4°.

319. L'ordre et la marche et les cérémonies qui seront observées à l'arrivée de la Reine, lundi 7 novembre 1729. [Paris], imp. de L. Coignard, (*S. d.*), in-4°.

320. Harangue faite à Son Altesse Royale Monseigneur le Duc de Lorain, sur son arrivée en cette Ville de Paris. [Paris], imp. de L. Coignard, (*S. d.*), in-4°.

321. Relation de l'ordre et la marche de l'Entrée de Son Excellence Monseigneur Delci, nonce de Notre Saint Père le pape, faite à Paris, le 3 août 1732. Paris, L. Coignard, (*S. d.*), in-4°.

Réimprimé (*S. l. n. d.*) dans la même année.

322. Les compliments et les acclamations du peuple de Paris à l'arrivée de la Reine dans cette ville [juillet 1735]. (*S. l. n. d.*), in-4°.

323. Ordre et marche qui doivent s'observer à l'Entrée de Monseigneur l'Ambassadeur de l'Empereur dans la Ville de Paris, le 21 décembre 1738. Paris, Veuve Valleyre, in-4°.

324. Description sommaire de la fête ordonnée par MM. les Prévôt des Marchands et Échevins de la Ville de Paris, et qui sera exécutée le samedi 29 août 1739 pour le mariage de Madame avec l'Infant. Paris, imp. de P.-G. Le Mercier, 1739, in-4°.

Réimprimé dans la même année.

325. Description des fêtes données par la Ville de Paris, à l'occasion du mariage de Mme Louise-Élisabeth de France avec Dom Philippe, infant et grand amiral d'Espagne, par les soins de M. Turgot, Prévôt des Marchands, les 29e, 30e août 1739. Paris, P.-G. Lemercier, 1740, gr. in-fol., avec 13 planches dessinées et gravées par J.-F. Blondel.

Réimprimé trois fois dans la même année.

326. Le cheval de bronze, à l'occasion du feu de la Ville. [Paris], imp. de Veuve Valleyre, (*S. d.*), in-4°.

327. Les compliments de la Ville de Paris en forme d'adieux à Madame première de France, sur son mariage avec le prince Dom Philippe, infant d'Espagne. [Paris], imp. de Veuve Valleyre, (*S. d.*), in-4°.

328. Fêtes publiques données par la Ville de Paris à l'occasion du mariage de Monseigneur le Dauphin les 23 et 26 février 1745. (*S. l. n. d.*), in-fol. max., de 9 feuillets et 18 planches, titre gravé.

329. Route qui sera tenue dans la marche des chars que MM. les Prévôt des Marchands et Échevins feront promener dans la Ville de Paris, le jeudi 9 février 1747, jour de la célébration du mariage de Monseigneur le Dauphin avec [S. A. R.] la princesse Marie-Josèphe de Saxe. [Paris], imp. de P.-G. Le Mercier, 1747, in-4°.

330. Fêtes publiques données par la Ville de Paris à l'occasion du [second] mariage de Monseigneur le Dauphin, le 13 février 1747. (*S. l. n. d.*), in-fol. max.

331. Ordre de la marche de l'Entrée publique de Son Excellence M. Tron, ambassadeur ordinaire de la République de Venise, à Paris, le dimanche 16 avril 1747. [Paris], Veuve Valleyre, (*S. d.*), in-4°.

332. Ordre de l'entrée publique à Paris de S. Exc. M. de Beerkenroode, Ambassadeur ordinaire des États généraux, qui se fera dimanche treize juin 1751. [Paris], Veuve Valleyre, petit in-4° de 4 pages.

333. Ordre de l'Entrée publique à Paris de Son Excellence M. le comte de Kaunitz-Rittberg, Ambassadeur de l'Empereur et de l'Impératrice, Reine de Hongrie et de Bohême, le dimanche 17 septembre 1752. [Paris], imp. de G. Desprez, (*S. d.*), in-4°.

334. Ordre de l'Entrée publique à Paris de Son Excellence Monseigneur de Gualterio, Archevêque de Myra, Nonce ordinaire de Sa Sainteté, qui se fera dimanche vingt juin 1756. Paris, imp. de Veuve Grou, (*S. d.*), in-4°.

335. Route que tiendra la Reine en allant à Notre-Dame, de Notre-Dame à Sainte-Geneviève, de Sainte-Geneviève à l'Hôtel de Ville et de l'Hôtel de Ville à la place Louis XV, le lundi 21 janvier 1782. [Paris], P.-D. Pierres, 1782, in-4°.

336. Avis au public pour l'Arrivée [de la Reine] à l'Hôtel de Ville, le lundi 21 janvier 1782. Paris, imp. de P.-D. Pierres, 1782, in-4°.

337. Description des Fêtes préparées par la Ville, à l'occasion de la naissance de Monseigneur le Dauphin, pour les 21 et 23 janvier 1782. [Paris], Lottin l'aîné, (*S. d.*), in-4°.

Réimprimé (*S. l. n. d.*) dans la même année.

XIXe SIÈCLE.

338. Entrée solennelle à Paris de l'Empereur Napoléon Ier et de l'Impératrice Marie-Louise, Archiduchesse d'Autriche, le 2 avril 1810. Extrait de l'ouvrage intitulé : *Descriptions des Cérémonies et Fêtes qui ont eu lieu pour le mariage de S. M. l'Empereur Napoléon avec S. A. I. Madame l'Archiduchesse Marie-Louise d'Autriche*, par Charles Percier et P.-F.-S. Fontaine, à Paris, de l'imprimerie de P. Didot l'aîné, 1810, in-f° magno de 45 pages de texte (dont l'*Entrée* occupe les pages 25-39) et 13 planches.

339. Entrée de Napoléon et de Marie-Louise à Paris, poésie par Berryer fils, élève du Collège de Juilly. Porthmann, imprimeur ordinaire de S. A. I. et R. Madame, 1810, in-8° de 4 feuillets.

340. L'arc de triomphe à la Grille de Chaillot et le portique à l'entrée des Tuileries. Description historique de ces monuments, érigés en l'honneur de l'alliance de Leurs Majestés impériales, [par N. M. Dumaka]. — [Paris], imp. de Dumaka, (*S. d.*), in-12.

341. Description des objets d'embellissements relatifs à la fête donnée par la Ville de Paris à LL. MM. II. et RR., à l'occasion du mariage de Napoléon le Grand et de Marie-Louise, Archiduchesse d'Autriche, etc.... [par P. J. Cally, 10 juin 1810]. Paris, imp. de Dumaka, in-8°.

342. Description de la fête de l'École militaire, des embellissements et ornements de cet édifice et de ceux du Champ de Mars, données à LL. MM. II. et RR., relativement à la mémorable journée du 2 avril 1810, [par P. J. Cally, 24 juin 1810]. Paris, imp. de Dumaka, (*S. d.*), in-8°.

343. Les chevaliers modernes ou le tournoi du Champ de Mars, à l'occasion des fêtes de Juin, pour le mariage de LL. MM. II. et RR. Napoléon et Marie-Louise, par P. Colau. Paris, 1810, in-8°.

344. Fêtes du mariage de S. M. l'Empereur Napoléon le Grand avec la princesse Marie-Louise... ou relation exacte de tout ce qui a rapport à cette union; avec le détail des cérémonies qui ont eu lieu à Vienne et à Paris, ainsi que dans les principales villes de France et d'Allemagne. Paris, Barba, 1810, in-12.

345. Fêtes à l'occasion du mariage de S. M. Napoléon, Empereur des Français, Roi d'Italie, avec Marie-Louise, Archiduchesse d'Autriche. Recueil de gravures représentant les principales décorations d'architecture et de peinture, etc.... avec une description par M. Gaulet, architecte, membre de plusieurs Sociétés des Arts et adjoint-maire du VIe arrondissement. Paris, chez L.-Ch. Soyer, 1810, in-8° de 48 pages avec 50 planches.

346. Napoléon et Louise, ou le mariage du héros. Lettres sur l'union de S. M. Napoléon le Grand et de S. A. I. et R. Marie-Louise... contenant un récit exact et circonstancié de tous les événements occasionnés par le mariage de LL. MM.... un extrait de toutes les pièces jouées à cette occasion... et un choix des poésies, odes, dithyrambes, etc., publiés sur le même sujet, par MM. Lemercier (N. L.), Baour-Lormian, Parceval, Michaud, Aignan, Tissot, Esmenard, Armand Gouffé, etc. Paris, Chamerot, 1810, in-12, 2 volumes.

347. Entrées solennelles de S. A. R. Monseigneur, frère du Roi, Lieutenant-Général du Royaume, et de S. A. R. le Duc de Berry dans Paris. Paris, 1814, in-8° de 16 pages.

348. Entrée à Paris de S. A. R. Monsieur, Frère du Roi, Lieutenant-Général du Royaume, le 12 avril 1814. Tours, Imprimerie du journal, (*S. d.*), in-8°.

349. Entrée solennelle du Roi Louis XVIII, à Paris, le samedi 8 juillet 1814. (Cf. *Moniteur universel* du 9 juillet 1814.)

350. Description des Cérémonies, fêtes, entrées solennelles et honneurs rendus à Louis XVIII... suivie de l'entrée solennelle de Monsieur... et de l'arrivée de S. A. R. le duc de Berry à Paris. Paris, F. Schoell, 1814, in-8°.

— Description des cérémonies, fêtes, entrées solennelles, etc.... Paris, chez les marchands de nouveautés, (*S. d.*), in-8°.

351. Précis de ce qui s'est passé lors de la rentrée....... à Paris de S. M. Louis XVIII, etc. Paris, Ancelle, 1815, in-12, avec planches.

352. Entrée triomphale de S. A. R. Monseigneur le Dauphin, généralissime de l'armée des Pyrénées, [le 2 décembre 1823]. Paris, Firmin-Didot, 1825, in-f° avec 23 planches de L. Lafitte, premier dessinateur du Cabinet du Roi.

353. Entrée triomphale, à Paris, de S. A. R. Monseigneur le Duc d'Angoulême, généralissime de l'armée des Pyrénées. Paris, L. Lafitte, 1825, in-f° max.

Autre édition du précédent ouvrage qui est composé de gravures au trait représentant le bas-relief sculpté d'après les ordres de M. le comte Chabrol (de Volvic), préfet de la Seine, pour orner l'une des salles de l'Hôtel de Ville, et les vues perspectives des décors exécutés à l'occasion des fêtes données par la Ville de Paris à S. A. R. Monseigneur le Dauphin, lors de son retour dans la capitale, après la campagne d'Espagne. Les planches dessinées par L. Lafitte, premier dessinateur du Cabinet du Roi, ont été gravées par Normand fils.

354. Fêtes données par la Ville de Paris à S. A. R. Monseigneur le Dauphin, à son retour d'Espagne, [2-15] décembre 1823. Paris, Firmin Didot, 1825, in-f° avec 23 planches dessinées par Lafitte, premier dessinateur du Cabinet du Roi.

Même ouvrage que le précédent.

355. Le mariage de S. A. R. Monseigneur le Duc d'Orléans avec la princesse Hélène de Mecklembourg, par M.... Paris, Delaunay, 1837, in-8°.

356. Fêtes et réjouissances publiques qui auront lieu..., à Paris, à l'occasion du mariage de S. A. R. Monseigneur le duc d'Orléans avec la princesse Hélène de Mecklembourg. Paris, Garson, (*S. d.*), in-f°.

357. Portraits de LL. AA. RR. Monseigneur le Duc et Madame la Duchesse d'Orléans. Relation officielle des fêtes et cérémonies qui auront lieu à Paris. Paris, Gambin, (*S. d.*), in-4° oblong.

358. Programme des fêtes qui vont avoir lieu à Paris, à l'occasion du mariage de Monseigneur le Duc d'Orléans. — Paris, Beaulé et Jubin, (*S. d.*), in-f°.

359. Entrée solennelle du Roi Louis-Philippe, à Paris, le 4 juin 1837. (Cf. *Moniteur universel* du 5 juin 1837. — *Fontainebleau, Versailles, Paris*, p. 139-145, volume publié par J. Janin à l'occasion du mariage de S. A. R. Monseigneur le Duc d'Orléans avec la princesse Hélène de Mecklembourg. Paris, Ernest Bourdin, (*S. a.*), in-8° de 216 pages avec portraits de la Duchesse d'Orléans.)

360. Détails curieux et intéressants sur l'entrée à Paris de la princesse Hélène de Mecklembourg et du duc d'Orléans, par la barrière de l'Étoile, le dimanche 4 juin [1837], dans la voiture du sacre de l'Empereur Napoléon. Secours accordés aux indigents. Discours de la princesse adressé au peuple français, etc. Paris, Ducessois, (*S. d.*), in-f° plano.

361. Visites en France de S. M. la Reine d'Angleterre; son entrée à Paris. — Programme des fêtes et Cérémonies. Biographie de la Reine, etc.... [Paris], imprimerie de Boucquin, (*S. d.*), in-f° plano.

362. **Programme de l'Entrée de la Reine d'Angleterre à Paris, 18 août 1855.** Paris, Beaulé, [1855], in-f° plano.

363. **Hôtel de Ville de Paris. Fête donnée en l'honneur de Sa Majesté Britannique la Reine Victoria.** — Paris, Ch. de Mourgues, 1856, grand in-f°, 15 pages et 6 feuillets, avec 22 planches photographiques.

Pour l'époque contemporaine, on le voit, les documents analogues aux ouvrages qui figurent dans les pages précédentes sont relativement peu nombreux, et, d'autre part, les solennités de ce genre n'ont pas toutes donné lieu à des relations spéciales. C'est ainsi qu'il faut aller chercher dans les journaux et les feuilles illustrées de l'époque les détails relatifs aux fêtes célébrées durant le séjour des souverains étrangers conviés à l'Exposition universelle de 1867 et les particularités qui signalèrent la réception du Shah de Perse en 1873; mais on ne saurait y trouver une vue d'ensemble, un *dessing* ou *pourtraict* à la façon des publications antérieures.

www.ingramcontent.com/pod-product-compliance
Ingram Content Group UK Ltd.
Pitfield, Milton Keynes, MK11 3LW, UK
UKHW020445230726
13925UKWH00004B/1809

9 782014 035520